安徽省高等学校人文社会科学研究项目“包容务实赋新意——徽派盆景技艺传承研究”（项目编号：SK2018A0266）成果

安徽省高等学校省级质量工程项目“中国传统文化”（项目编号：2020szsfkc0250）成果

皖南传统技艺类非遗传承研究

WANNAN CHUANTONG JIYILEI FEIYI CHUANCHENG YANJIU

卢婷◎著

安徽师范大学出版社
ANHUI NORMAL UNIVERSITY PRESS
·芜湖·

图书在版编目(CIP)数据

皖南传统技艺类非遗传承研究 / 卢婷著 .— 芜湖:安徽师范大学出版社,2021.8
ISBN 978-7-5676-5303-0

Ⅰ.①皖… Ⅱ.①卢… Ⅲ.①非物质文化遗产 - 研究 - 皖南地区 Ⅳ.①G127.542

中国版本图书馆CIP数据核字(2021)第155240号

皖南传统技艺类非遗传承研究 卢 婷◎著

责任编辑:李慧芳 责任校对:汪碧颖
装帧设计:张 玲 责任印制:桑国磊
出版发行:安徽师范大学出版社
芜湖市北京东路1号安徽师范大学赭山校区
网 址:http://www.ahnupress.com/
发 行 部:0553-3883578 5910327 5910310(传真)
印 刷:江苏凤凰数码印务有限公司
版 次:2021年8月第1版
印 次:2021年8月第1次印刷
规 格:700 mm × 1000 mm 1/16
印 张:11.75
字 数:179千字
书 号:ISBN 978-7-5676-5303-0
定 价:49.00元

目　录

第一章　绪　论

第一节　技艺类非物质文化遗产相关概念界定

一、非物质文化遗产

关于非物质文化遗产，日本较早提出相关概念。早在明治后期，日本已有意识地开展大规模的文化遗产抢救与保护工作。1950年，日本出台《文化财保护法》，在“有形文化财”基础上补充“无形文化财”概念。20世纪60年代，韩国受日本影响，基于本国国情，于1962年颁布了《文化财保护法》，将无形文化财规定为在历史、艺术、学术等方面具有较高价值的演剧、音乐、舞蹈、工艺技术等无形的文化载体[①]。

20世纪70年代，因日本加入联合国教科文组织，一个规模宏大的非物质文化遗产保护运动在联合国教科文组织的倡导下迅速展开。日本在1975年7月1日修订的新版《文化财保护法》中对有形文化财和无形文化财进行明确区分：有形文化财即具有较高艺术价值的建筑物、绘画、雕刻等其他有形的文化载体；无形文化财则指具有较高艺术与历史价值的戏剧、音乐、工艺技术及其他无形的文化承载体[②]。可知，有形文化遗产

---

① 王文章:《非物质文化遗产概论》,文化艺术出版社2006年版,第41页。

② 王军:《日本的文化财保护》,文物出版社1997年版,第189页。

即具有物质载体的艺术与工艺成型物，依托于物质属性，人们对其进行妥善的庋藏与利用；而无形文化遗产不具有物质载体，是指附加有人类活动痕迹，表现精神文化属性的艺术与技艺过程。从内容上看，“有形文化遗产”指“物质文化遗产”，更加注重保护静态的、成形的文化产品；“无形文化遗产”指“非物质文化遗产”，更加注重保护动态的、使文化产品成形的因素①。

此后，经国际社会关于非物质文化遗产保护与利用的一系列实践后，2003年9月29日至10月17日，于巴黎举行的联合国教科文组织第32届会议，出台的《保护非物质文化遗产公约》，“重新界定了非物质文化遗产的概念：被社区、群体、个人，视为其文化遗产组成部分的各种社会实践、观念表述、知识、技能等，包括口头传统和表现形式，表演艺术，仪式和节庆活动，有关自然界和宇宙的知识和实践，传统手工艺五个方面。值得注意的是，在通行的英文版《公约》中，非物质文化遗产被表述为‘intangible cultural heritage’，其中‘intangible’一词释义为‘无实体的、无形的和无法被触碰的’。可见，在英文的语境中，‘intangible cultural heritage’的表述更贴近于‘无形文化遗产’，名词的核心指实体物背后无形的现象与过程。值得注意的是，英文公约中‘无形文化遗产’的表述虽然脱胎自日本‘无形文化财’的概念，但其概念的范围边界却远远广于‘文化财’”②。

有学者认为，文化财产等于凝固的、实物的、所有权的。而非物质文化遗产等于过程的、动态的、监护权的③。由上可知，无形文化遗产和非物质文化遗产虽表述不同，却均强调文化内涵之存续，已不是一种固定的实物形态，而是处于进行时的动态过程，要使其内涵价值永续留存，对其蕴藏的精神价值进行相应的监护与保藏刻不容缓。

---

① 王文章：《非物质文化遗产概论》，文化艺术出版社2006年版，第46页。

② 费扬：《非物质文化遗产在博物馆中的阐释与表达》，浙江大学2019年硕士学位论文，第11页。

③ 吴真：《从无形文化财到非物质文化遗产的观念变革》，《中国人民大学学报》2018年第1期，第17页。

二、手工技艺

法国人类学家莫斯认为，“技艺”通常指原始的、传统的、小范围的，或者其他熟练的和司空见惯的现象。由此可知，莫斯对“技艺”概念的理解带有历史感，指传统的种类。“手工”一词，从字面上强调了工艺的手工性，这也是手工技艺与机械工艺最大的区别。手工技艺的手工性并非要求技艺的纯手工制作，但是技艺中必须含有手工的成分或该技艺起源阶段为手工制作。同时，强调的是手工文化中的人文性，这种人文性指的是在手工劳动中所蕴藏的，机器无法替代的真诚、朴素和技巧的造物智慧。尤其在强调市场经济的当下阶段，“伪民俗”和“假手工”之所以频繁出现，主要原因即手工本真文化的消退[①]。

从社会学的角度，传统手工艺指人们为了满足物质精神需要和审美要求，在不同的历史条件下，采用物质材料和技术手段进行人工造物、展现生活所用技能的总称[②]。从法学的视角，传统手工艺可定义为，由特定群体或个体创造的，在特定区域或特定民族内部世代相传的，具有鲜明地方特色和民族风格的工艺品种和技艺[③]。有学者将传统手工艺的范畴划定为以手工劳作为主，辅以手工机械和工具，施以一定工序和技巧，所展示和加工出来的具有历史传统、地域文化、民俗内涵、哲学审美意味的实用性的手工技艺及其实物形态[④]。

① 张西昌:《传统手工艺的知识产权保护研究》,西安美术学院2013年博士学位论文,第16—17页。

② 张良华:《我国传统手工艺技能采著作权法保护模式初探》,《景德镇高专学报》2010年第3期,第23页。

③ 吴超:《论我国传统手工艺的知识产权保护》,湖南大学2012年硕士学位论文,第6页。

④ 张西昌:《传统手工艺的知识产权保护研究》,西安美术学院2013年博士学位论文,第16页。

三、手工艺品

1997年，联合国教科文组织在菲律宾举办了国际研讨会，会中提及手工艺品的概念："纯手工或使用工具、机械制作的商品，但强调工艺的最主要来源是工艺制作者的直接的手工劳动。通过手工艺形成的产品不仅结实耐用，而且外形雅观好看，同时此种类型的产品不仅具有文化艺术性，而且又能加入工艺制造者的创新性思想，既能表达展示地域独特的文化内涵，又富有一定的实用功能，深层次来讲还具有宗教和社会象征意义。"[①]手工艺品可分为高端手工艺品、大众手工艺品和基础手工艺品三类。一方面，手工艺品制作者和使用者均为普通大众，故手工艺品映射的是大众群体的日常生活，承载着不同历史时期文化的方方面面；另一方面，满足某种特定生活需求是手工艺品存在的价值，具有时代性和目的性。

四、传统技艺类非物质文化遗产

前文已述，联合国教科文组织在《保护非物质文化遗产公约》中对"非物质文化遗产"进行了定义，并将其划分为五类，即口头传统和表述，表演艺术，社会风俗、礼仪、节庆，有关自然界和宇宙的知识和实践，传统的手工艺技能。传统技艺类非物质文化遗产是指手工艺人通过纯手工或者利用一定工具手工制作的，兼具实用性、创造性和观赏性的技艺，经过时代发展所形成的具有典型性的、能代表优秀传统文化的传统手工技艺以及附带产品，被称为传统手工技艺类非物质文化遗产[②]。传

① 张素霞:《基于利益相关者理论的传统手工艺类非物质文化遗产保护效果评价模型构建和保护体系研究》,北京交通大学2013年硕士学位论文,第14页。

② 梁琳,高涵:《传统手工技艺类非物质文化遗产学校传承初探》,《职教论语》2015年第10期,第81—84页。

统技艺类非物质文化遗产既依附于传承人，又以手工技艺类产品为物质载体，它因时而异，不断传承、发展。传统技艺类非物质文化遗产源于生活、用于生活、融于生活，是民众生活不可或缺的一部分。

第二节 安徽省非物质文化遗产概况①

从区域的层面来说，非物质文化遗产是民族文化的灵魂，也是区域文化的灵魂。在区域文化资源中，非物质文化遗产是区域内最富有个性和魅力的文化资源，也是最具有竞争力和辐射力的文化资源，区域内非物质文化遗产资源的多寡凸显着区域的文化底蕴深浅和文化竞争力的强弱。安徽是文化大省，勤劳智慧的安徽先民们在这块神奇的土地上，用心灵和双手创造了新安文化、皖江文化和淮河文化三大特色分明的文化圈。悠久的文化传统，孕育了纷繁多样且价值深远的非物质文化遗产。

一、安徽省非物质文化遗产类别

（一）国家级非物质文化遗产

安徽省登记的国家级非物质文化遗产项目共88项：民间文学类3项，传统音乐类10项，传统舞蹈类9项，传统戏剧类23项，曲艺类2项，传统体育、游艺与杂技类2项，传统美术类6项②，传统技艺类24项，传统医药类2项，民俗类7项。

---

① 此节内容中的资料和数据均来源安徽省非物质文化遗产网。

② 笔者将安徽省非物质文化遗产网中传统美术类中的“徽州三雕、盆景技艺（徽派盆景技艺）”归入传统技艺类。

（二）省级非物质文化遗产

安徽省登记的省级非物质文化遗产项目共530项：民间文学类32项，传统音乐类41项，传统舞蹈类55项，传统戏剧类46项，曲艺类32项，传统体育、游艺与杂技类22项，传统美术类48项[①]，传统技艺类170项，传统医药类17项，民俗类67项。

二、安徽非物质文化遗产的分布特征

（一）总体分布特征

安徽省登记的国家级非物质文化遗产项目共88项[②]：合肥市6项、芜湖市2项、安庆市9项、马鞍山市2项、滁州市2项、阜阳市9项、蚌埠市3项、宿州市9项、六安市5项、宣城市6项、亳州市3项、铜陵市0项、淮南市5项、淮北市1项、池州市4项、黄山市22项。详见表1–1。

表1–1　安徽省国家级非物质文化遗产项目概况

城市 种类名称	合肥市	芜湖市	安庆市	马鞍山市	滁州市	阜阳市	蚌埠市	宿州市	六安市	宣城市	亳州市	铜陵市	淮南市	淮北市	池州市	黄山市
民间文学	0	0	2	0	0	0	0	0	0	0	1	0	0	0	0	0
传统音乐	1	0	1	1	1	0	1	2	1	0	0	0	0	0	0	2
传统舞蹈	0	1	0	0	0	1	1	0	0	2	0	0	2	0	1	1
传统戏剧	3	0	3	1	0	2	1	5	1	1	1	0	0	1	2	2
曲艺	0	0	0	0	1	0	0	1	0	0	0	0	0	0	0	0

① 笔者将安徽省非物质文化遗产网中传统美术类中的“徽州三雕（宣城市绩溪县）、大别山盆景技艺、墨模雕刻、徽州墙头画”归入传统技艺类。

② 因2015年六安市寿县划归淮南市管辖，故笔者将安徽省非物质文化遗产网中国家级非物质文化遗产项目中的“豆腐传统制作技艺（六安市寿县）”归入淮南市。

续　表

种类名称＼城市	合肥市	芜湖市	安庆市	马鞍山市	滁州市	阜阳市	蚌埠市	宿州市	六安市	宣城市	亳州市	铜陵市	淮南市	淮北市	池州市	黄山市
传统体育、游艺与杂技	0	0	0	0	0	0	0	1	0	0	1	0	0	0	0	0
传统美术	0	0	1	0	0	2	0	0	2	0	0	0	0	0	0	1
传统技艺	1	1	2	0	0	2	0	0	1	3	0	0	2	0	0	12
传统医药	0	0	0	0	0	0	0	0	0	0	0	0	0	0	0	2
民俗	1	0	0	0	0	2	0	0	0	0	0	0	1	0	1	2
合计	6	2	9	2	2	9	3	9	5	6	3	0	5	1	4	22

安徽省登记的省级非物质文化遗产项目共530项[①]：合肥市36项、芜湖市24项、安庆市40项、马鞍山市23项、滁州市24项、阜阳市38项、蚌埠市19项、宿州市32项、六安市24项、宣城市67项、亳州市38项、铜陵市8项、淮南市27项、淮北市12项、池州市28项、黄山市90项。详见表1–2。

表1–2　安徽省省级非物质文化遗产项目概况

种类名称＼城市	合肥市	芜湖市	安庆市	马鞍山市	滁州市	阜阳市	蚌埠市	宿州市	六安市	宣城市	亳州市	铜陵市	淮南市	淮北市	池州市	黄山市
民间文学	4	1	6	1	0	1	2	3	1	2	6	0	2	0	2	1
传统音乐	1	2	4	2	5	2	1	2	4	3	0	1	2	2	7	3

① 因2011年巢湖市无为县划归芜湖市管辖，故笔者将安徽省非物质文化遗产网中省级非物质文化遗产项目中的“无为板鸭制作技艺、无为剔墨纱灯技艺”归入芜湖市；因2011年巢湖市含山县、和县划归马鞍山管辖，故笔者将安徽省非物质文化遗产网中省级非物质文化遗产项目中的“含山封扁鱼制作技艺、乌江霸王酥制作技艺、运酒传统酿造技艺”归入马鞍山市；因2015年六安市寿县划归淮南市管辖，故笔者将安徽省非物质文化遗产网中省级非物质文化遗产项目中的“豆腐传统制作技艺（六安市寿县）、紫金砚制作技艺（六安市寿县）”归入淮南市。

续 表

城市 种类名称	合肥市	芜湖市	安庆市	马鞍山市	滁州市	阜阳市	蚌埠市	宿州市	六安市	宣城市	亳州市	铜陵市	淮南市	淮北市	池州市	黄山市
传统舞蹈	1	2	4	4	6	4	6	0	0	8	2	1	6	0	1	10
传统戏剧	3	2	6	2	1	4	3	7	1	3	3	0	1	2	6	2
曲艺	3	0	2	0	3	6	2	4	3	0	4	0	3	1	1	0
传统体育、游艺与杂技	3	0	0	1	0	4	1	1	0	1	4	1	3	0	0	3
传统美术	8	0	1	4	2	3	2	6	2	6	3	0	1	3	0	7
传统技艺	9	8	11	7	2	10	0	6	11	32	11	3	8	3	7	42
传统医药	1	1	2	1	0	0	0	1	1	0	1	0	0	0	0	9
民俗	3	8	4	1	5	4	2	2	1	12	4	2	1	1	4	13
合计	36	24	40	23	24	38	19	32	24	67	38	8	27	12	28	90

注：笔者将安徽省非物质文化遗产网中传统美术类中的“徽州三雕（宣城市绩溪县）、大别山盆景技艺、墨模雕刻、徽州墙头画”归入传统技艺类。

（二）集聚阶梯性分布特征

安徽省非物质文化遗产的种类按照数量的多少可以分为四级阶梯，呈集聚阶梯性分布格局。传统技艺类为第一级阶梯，有194项，约占总数的31%；民俗类、传统戏剧类、传统舞蹈类、传统美术类、传统音乐类为第二级阶梯，所占比例均在10%左右；民间文学类和曲艺类为第三级阶梯，所占比例均约为6%；传统体育、游艺与杂技类、传统医药类为第四级阶梯，所占比例较小。详见表1–3。

表1-3 安徽省非物质文化遗产种类比例（含“其他”种类）

种类名称 / 城市	民间文学	传统音乐	传统舞蹈	传统戏剧	曲艺	传统体育、游艺与杂技	传统美术	传统技艺	传统医药	民俗	合计
国家级	3	10	9	23	2	2	6	24	2	7	88
省级	32	41	55	46	32	22	48	170	17	67	530
合计	35	51	64	69	34	24	54	194	19	74	618
比例	6%	8%	10%	11%	6%	4%	9%	31%	3%	12%	100%

注1：表格中的比例以安徽省国家级、省级非物质文化遗产单个种类的数量与安徽省国家级、省级非物质文化遗产总数相除得出，数值按“四舍五入”法取近似值。

注2：笔者将安徽省非物质文化遗产网中国家级非物质文化遗产传统美术类中的“徽州三雕、盆景技艺（徽派盆景技艺）”归入传统技艺类；将省级非物质文化遗产传统美术类中的“徽州三雕（宣城市绩溪县）、大别山盆景技艺、墨模雕刻、徽州墙头画”归入传统技艺类。

安徽省国家级非物质文化遗产的空间分布按照数量的多少可以分为四级阶梯，亦具有集聚阶梯性分布格局。黄山市为第一级阶梯，阜阳市、宿州市和安庆市为第二级阶梯，合肥市、宣城市、六安市、淮南市、池州市第三级阶梯，蚌埠市、亳州市、芜湖市、马鞍山市、滁州市、淮北市和铜陵市为第四级阶梯。

安徽省省级非物质文化遗产的空间分布按照数量的多少也可以分为四级阶梯，具有集聚阶梯性分布格局。黄山市、宣城市为第一级阶梯，安庆市、阜阳市、亳州市、合肥市、宿州市为第二级阶梯，池州市、淮南市、芜湖市、滁州市、六安市、马鞍山市为第三级阶梯，蚌埠市、淮北市、铜陵市为第四级阶梯。一般情况下区域内省级非物质文化遗产项目数量与国家级非物质文化遗产项目数量呈正相关性，即省级非物质文化遗产项目越多，国家级非物质文化遗产项目也越多，反之亦然。

（三）空间分布特征

1.地域性差异特征

安徽省国家级和省级非物质文化遗产分布于安徽省16个地级市范围内，各个地级市的分布在数量上存在一定差异。其中，黄山市有国家级非物质文化遗产项目22项、省级非物质文化遗产项目90项，数量上远远高于省内其他地级市，约占全省非物质文化遗产总量的18%。宣城市仅居其次，有国家级非物质文化遗产项目6项、省级非物质文化遗产项目67项，约占全省非物质文化遗产总量的12%。而铜陵市截至目前还尚未有国家级非物质文化遗产项目，省级非物质文化遗产项目仅有8项，仅约占全省非物质文化遗产总量的1%。

安徽省非物质文化遗产主要分布于皖南地区，尤其是黄山市与宣城市，池州市也占了较大比例。皖北地区的非物质文化遗产空间分布上呈现出向合肥市靠拢的特征，合肥及合肥周边地区的非物质文化遗产分布较为密集。皖北地区的非物质文化遗产分布较为均匀，分布范围广。从总体上看，安徽省非物质文化遗产在南部的分布多于北部，且皖北、皖南地区的非物质文化遗产分布广，皖中地区分布较为集中，主要集中于合肥市及周边地区，而六安市和滁州市等地的非物质文化遗产分布稀疏。全省的非物质文化遗产总体上呈现出带状及组团状的特征，在空间上沿宿州、淮南、合肥、芜湖、宣城、黄山等地形成纵向密集带；在淮南、合肥、黄山、安庆形成组团分布，其中黄山市的非物质文化遗产分布最为集中。

2.安徽省非物质文化遗产的空间分布逐步演变特征

以安徽省国家级非物质文化遗产为例，安徽省第一批国家级非物质文化遗产集中于黄山地区，其他地区的国家级非物质文化遗产分布较为分散，数量差别不大，第二批国家级非物质文化遗产则在空间分布上呈现出明显的扩散现象，且安庆、阜阳、宿州、六安等地在数量上初具规模，但黄山仍是国家级非物质文化遗产分布的集中地区，第三批、第四批国家级非物质文化遗产数量分布相对平均。详见表1-4。

表1-4 安徽省各地级市国家级非物质文化遗产数量统计（分批次）

城市 批次	合肥市	芜湖市	安庆市	马鞍山市	滁州市	阜阳市	蚌埠市	宿州市	六安市	宣城市	亳州市	铜陵市	淮南市	淮北市	池州市	黄山市
第一批	3	1	2	1	1	2	2	1	1	2	0	0	1	0	2	7
第二批	2	0	5	0	0	3	1	3	3	2	1	0	2	1	1	10
第三批	1	1	0	1	1	3	0	3	1	0	1	0	0	0	1	1
第四批	0	0	2	0	0	1	0	2	0	2	1	0	2	0	0	4

以安徽省省级非物质文化遗产为例，根据安徽省非物质文化遗产网上的相关数据统计，安徽省第一批省级非物质文化遗产亦集中于黄山地区，其他地区的数量相对可观，第二批省级非物质文化遗产，黄山仍是最多地区，但宣城、滁州等地级市非物质文化遗产数量初具规模。第三批和第四批省级非物质文化遗产在数量上以黄山市和宣城市居多。第五批省级非物质文化遗产在数量上仍以黄山市和宣城市居前，亳州市、合肥市、芜湖市次之。

安徽省的非物质文化遗产在空间上呈现由早期集中于皖南的黄山地区，逐渐向皖南其他地区、皖北、皖中扩散，这从侧面反映了早期非物质文化遗产项目较少的地区加大了对非物质文化遗产的重视程度。

3.安徽省不同种类非物质文化遗产的空间分布特征

根据安徽省非物质文化遗产网上的相关数据统计，对不同种类非物质文化遗产的空间分布状况进行分析可知，安徽省非物质文化遗产的空间分布很不均衡且有南北差异，总体上皖南地区明显多于其他区域。同时，传统技艺类非物质文化遗产以黄山市、宣城市居多；民俗类非物质文化遗产主要分布于黄山市、宣城市、芜湖市一带，传统舞蹈类非物质文化遗产集中分布在皖北的淮南市、蚌埠市、阜阳市等地，同时在皖中地区的安庆市和皖南地区的黄山市、宣城市亦形成集中区；传统音乐类非物质文化遗产也以皖南地区居多，但在皖中地区分布较为集中，主要分布于安庆市、六安市和滁州市；传统美术类非物质文化遗产虽以皖南地区居多，但空间分布较为分散，各地区均有分布，皖北、皖中、皖南地区分别以宿州市、合肥市、黄山市为核心，形成“三核心”的结构；传统医药类非物质文化遗产的分布非常集中，集中分布于黄山地区，其余数个地区有少量分布；民间文学类非物质文化遗产在空间上分布纵贯安徽省，安庆市、亳州市和合肥市为其主要分布区；传统体育、游艺与杂技类非物质文化遗产主要分布于皖北地区和皖南地区，皖中地区较少；曲艺类非物质文化遗产主要分布于皖北地区，皖中地区分布均匀；传统戏剧类非物质文化遗产主要分布于皖北地区，皖南地区与皖中地区数量相当。

三、安徽省非物质文化遗产的南北差异渊源

安徽省非物质文化遗产在全省均有分布，但不同地区的分布密度差异较大，主要体现在皖南和皖北的差异。皖南的典型代表是古徽州地区，“贾而好儒”的徽州商人创造了丰富的物质财富，注重文化，徽派建筑、徽州三雕、文房四宝声名鹊起，流芳海内外。皖中地区以传统音乐见长。皖北地区的花鼓灯、马戏等一些传统舞蹈和曲艺长盛不衰。

安徽省非物质文化遗产的分布还呈现“南多北少”的特点。皖南古徽州地区非物质文化遗产种类和数量最为集中，有传统技艺类、传统美术类、传统医药类、民俗类等，而皖北的非物质文化遗产种类较为单一，主要聚集于曲艺类、传统戏剧类等，皖中则无论在种类还是数量上都不占优势。

此外以安徽省国家级、省级传统技艺类非物质文化遗产项目分布的特征为例。皖南地区共有国家级传统技艺类非物质文化遗产16项，省级传统技艺类非物质文化遗产94项。其中，皖南地区仅黄山市就有国家级传统技艺类非物质文化遗产12项，省级传统技艺类非物质文化遗产就有42

项。皖中地区共有国家级传统技艺类非物质文化遗产4项，省级传统技艺类非物质文化遗产38项。皖北地区共有国家级传统技艺类非物质文化遗产4项，省级传统技艺类非物质文化遗产38项。具体见附录。

从数量上看，皖南地区的传统技艺类非物质文化遗产数量明显多于皖中地区和皖北地区，已登记的国家级、省级传统技艺类非物质文化遗产数量反映了该地区非物质文化遗产工作的直观成果，既包含对现存非物质文化遗产的挖掘和保护，也警示着我们：该如何让这些登记在册的非物质文化遗产继续传承，甚至让未登记在册的非物质文化遗产榜上有名？

（一）地形渊源

自然地理环境是影响非物质文化遗产类型结构和空间分布形态的基本地域分异机制。安徽省地貌类型复杂多样，以低山丘陵和河谷平原为主要特征，地势由南向北倾斜。复杂多变的自然地理环境，形成了迥异的生产生活方式，推动了安徽省非物质文化遗产类型结构和空间分布的多样化格局。山地和丘陵造成的一定程度的封闭环境成为非物质文化遗产的“乐土”，并且由于存在地理阻隔，这些非物质文化遗产的产生和演化较为独立，特色也更加突出。例如，特有的地形地貌对民间文学、传统美术的发展产生重大影响。

安徽省皖南地区的地貌以丘陵、低山为主，地形地势起伏较大。从交通的发展历史上看，皖南山区尤其是黄山地区的陆上交通相较于平原地区发展缓慢，这导致黄山及周边地区的相对封闭性，进而导致对外联系的不便。但是，山地地形却为皖南文化营造了一个相对封闭的不受外界干扰的生存空间，使当地居民的生活方式和其他传统不易受其他地区文化和现代技术等外部因素干扰，避免了外来文化的浸润，风土人情淳朴，保留了很多风俗习惯，非物质文化遗产得以较为稳定地传承和发展。这使该区域拥有丰富多彩的非物质文化遗产资源，形成了非物质文化遗产类型结构的多样性与空间分布的集聚性特征。另外，皖南地区自然资源丰富，种类繁多，经济作物收成良好，且位于长江流域和新安江流域，水上交通便利，使人们得以走出去发展商业贸易，如徽商将本地的民俗传统传往他乡，传播了皖南的文化，扩大了其在全国的影响力。可以说，皖南地区多山多水的地形地貌，造就了当地极富特色的非物质文化遗产。

与皖南地区相反，皖北地区以及皖中地区，区域内河网密布，地形较为平坦、开阔。尤其是皖北地区背靠淮河，面朝广阔的淮北平原，地形以平原为主，交通发展迅速。这种得天独厚的条件，使各地区联系紧密，促进了各地区的文化交流、传播与融合，因此，皖北地区的非物质文化遗产分布较为分散，种类复杂。同时，因对外交流的频繁，皖北文化逐渐和外来文化交融，使其本身的区域文化特色难以完整地保存，许多民风民俗长时间被同化或忽视，直至消失，致使现存的非物质文化遗产项目相对较少。

（二）历史渊源

从南北区域来讲，中国历史上（从上古至西晋末期），以汉文化为主体的中华文化发祥地是黄河流域中下游地区。此后，文化中心不断南移，南宋时期，文化中心南迁完成，直至近代，文化中心一直位于南方。北方地区文化发展较早，但却历尽朝代更迭，许多文化瑰宝散落于浩瀚的历史长河中。而南方地区有相对和平的生产生活环境，其繁荣的文化得以延续，因此，南方地区非物质文化遗产较之北方更为丰富[①]。

皖南地区历史悠久，可追溯到先秦时期，历来是中国经济文化重地，明清以来，民风开化，原有的区域文化不断增加了新内涵。此地区历史上名人辈出，如发明印刷术的毕昇、理学大师朱熹、红顶商人胡雪岩、著名学者胡适、教育名家陶行知等，因而皖南地区文化底蕴深厚，可挖掘的非物质文化遗产资源十分丰富。皖南文化区的民间宗法观念浓厚，信仰程朱理学思想，宗教伦理风气盛行，对地域内居民生产生活方式影响深刻。此地村落选址和布局主要是聚族而居，村庄规模一般较大。这

① 程乾，凌素培：《中国非物质文化遗产的空间分布特征及影响因素分析》，《地理科学》2013年第10期，第1170页。

些地域文化景观特质，促进了非物质文化遗产空间分布的集聚性特征，遗产传承颇丰、积淀深厚。古徽州文化区以程朱理学、徽州朴学、新安画派、篆刻、版画、徽剧、医学、建筑、徽菜和刻书等为代表，因此，传统美术类、传统技艺类、传统医药类和民俗类的非物质文化遗产也较多地分布于古徽州文化区。

皖中文化区和皖北文化区分别受桐城学派和老庄道家学派的影响，居民兼有北刚南柔的民风，村落规模一般较小，村落选址和布局主要是逐水而徙，且多为列状村和散村格局。这些地域景观特质，形成了非物质文化遗产以分散性分布为主的空间格局。皖北是我国传统文化的发源地之一，具有丰富的历史文化资源。管子、孔子、孟子、老子、庄子等在皖北地区皆有生活足迹，创造了灿烂的儒、道文化。历代皖北医药闻名省内外，我国古代名医华佗就生于皖北的亳州。唐宋时期，中国的经济中心南移至长江中下游地区，淮河流域的经济重要性有所下降。两宋时期，这里战争频繁，对社会经济的打击十分严重。特别是从南宋开始，黄河泛滥成为常态，皖北地区开始走向衰落，因而导致皖北地区的文化发展相对缓慢。

（三）经济渊源

皖南地区是安徽省重要的经济、文化和旅游中心，沿江工业区蓬勃发展，皖江经济带崛起腾飞。充裕的衣食住行为民众丰富的精神生活奠定了物质基础，此外，在非物质文化遗产保护工作开展伊始，当地政府便投入专项资金，近年来财政支持力度不断加大，为非物质文化遗产保护工作提供了坚实的经济后盾。皖北地区凭借其丰富的劳动力资源、农产品资源和一定的工业基础使得总体经济发展水平稳步提升，但相比皖南地区，仍然偏低。皖北地区的非物质文化遗产保护工作开展时间晚，尽管近年来政府加大了财政支持力度，但一些基层县（市）仍然因为保护经费不足，无法添置必要的设施，致使非物质文化遗产保护工作处在初期阶段。受限于总体经济发展水平，安徽省对非物质文化遗产总体的财政投入相比其他非物质文化遗产工作先进的省份而言仍较少。非物质文化遗产保护工作是一项可持续的长期性工程，福泽子孙后代。各级政府要给予非物质文化遗产保护工作长期支持，尤其不能在基本的保护经费上断层。

同时，安徽作为中国文明的重要代表区域之一，拥有众多珍贵异彩的非物质文化遗产资源，为开发以非物质文化遗产为品牌的旅游业创造了潜在优势，构成了安徽省旅游业的独特文化魅力。旅游业的发展可以带来经济效益，进而可以促进非物质文化遗产的保护。皖南地区特别是黄山、宣城地区的文化气息浓厚，旅游开发程度高，黄山风景区更是闻名世界的旅游景点，皖南地区的旅游开发为当地乃至整个安徽省带来了大量旅游收入。为保证旅游业的可持续发展，地区上的非物质文化遗产也得到一定程度的保护，保持了非物质文化遗产的原真性。相较皖南地区，皖中和皖北地区非物质文化遗产分布并不密集，旅游开发程度也不高，在经济层面影响了非物质文化遗产的开发和保护。如有“药都”美誉的亳州，在传统医药方面的省级以上非物质文化遗产竟无一项。

（四）管理渊源

一种文化本身并不是静止不动的，而是从产生那一刻起就不断地向四周迁移扩散、交流融合或者和其他文化产生激烈碰撞。因此，文化表现出强烈的复杂性。随着西方文化的不断涌入，给中国的传统文化带来不小的冲击，加上部分老一辈民间艺术家的离去，许多非物质文化遗产逐渐濒临灭绝和消逝。各地政府对非物质文化遗产的挖掘与保护手段以及资金扶持力度的差异，也会导致非物质文化遗产项目分布的不均衡。

非物质文化遗产的挖掘和保护都离不开文化部门的管理，文化部门工作效率的高低直接影响着非物质文化遗产保护成果的多少。积极开明的政府会通过各种方式去传承和保护当地的非物质文化遗产，如倡导民众去挖掘和保护；而部分政府却只顾现代经济建设，忽略了传统民俗的价值。皖南地区，政府加强非物质文化遗产的保护工作，积极组织专业人员，对各种非物质文化遗产进行考核评估，投入适当的财力对非物质文化遗产进行恢复与保护；对非物质文化遗产保护的各级管理部门通过扎实推进和不断探索，建设非物质文化遗产保护的基础设施，贯彻非物质文化遗产保护的法律法规，非物质文化遗产工作取得了阶段性成果。除文化部门的管理，皖南地区民间团体和组织也参与了非物质文化遗产的保护工作，或辅助文化事业发展，或将非物质文化遗产资源产业化。通过不同的资源转换形式，促进了非物质文化遗产资源的挖掘和保护目的的实现。由于起步晚，皖北地区当地的文化部门对非物质文化遗产的管理尽管有倾向性的投入，但相比皖南地区，还稍显不足。笔者在对皖北一些市级非物质文化遗产项目进行统计时发现，一些市级非物质文化遗产网站建设很不完备，相关非物质文化遗产资料极少。

影响安徽省非物质文化遗产空间分布及其演变的因素有自然地理环境、人文地理环境等，自然地理环境因素主要包括地形、河流水系等，人文地理环境因素主要包括文化背景和旅游开发程度等。安徽省的传统医药类、传统体育、游艺与杂技类非物质文化遗产稀缺，应给予重视，对发现省内有与此相关的非物质文化遗产应及时进行申遗、保护。从空间分布上看，皖南地区对非物质文化遗产开发和保护程度较高，而皖中及皖北地区对非物质文化遗产开发和保护程度相对较低，所以应积极采取措施，加大对皖中和皖北地区的非物质文化遗产的保护与传承。在保护的过程中，要采取正确有效的保护方法，针对不同种类的非物质文化遗产采取不同的方式，如对于传统技艺类、曲艺类和传统医药类非物质文化遗产，要注重非物质文化遗产传承人的发展；对于民俗类、传统音乐类和传统舞蹈类等大众化的非物质文化遗产，应注重非物质遗产的相关活动的举办，从而提升人们的认同感，扩大宣传，促进非物质文化遗产的传播与当代文化的融合，与时俱进，保持非物质文化遗产的生命力。此外，还要注重与旅游业相结合，在促进非物质文化遗产的保护与发展的同时也能促进经济的发展。

第三节 皖南传统技艺类非物质文化遗产概况

皖南在地域上指的是安徽省长江以南地区，包括铜陵（除枞阳县）、芜湖（除无为县）、马鞍山（除含山县、和县）等市的部分地区和池州、黄山、宣城三市。皖南传统技艺类非物质文化遗产是非物质文化遗产的重要组成部分，代表着民族文化和皖南区域文化的精魂，曾取得丰硕的成果。但是由于社会转型、文化习俗等变化，烙刻着区域文化印记的皖南传统技艺，也面临传承乏力的困境。

一、皖南传统技艺类非物质文化遗产的分类与级别①

皖南传统技艺类非物质文化遗产内涵丰富、传承历史悠久，体现了古皖南民众的审美能力和文化修养，也体现了中国传统文化特有的精神追求、文化韵味。皖南传统技艺类非物质文化遗产项目数量繁多，囊括了皖南民众衣食住行等各方面的技艺。心灵手巧的皖南先民们在养育自己的土地上，孕育了精湛的传统技艺。

（一）皖南传统技艺类非物质文化遗产的分类

皖南传统技艺类非物质文化遗产体现着皖南民众特有的审美个性和文化精神，也蕴含着特有的精神价值、思维方式、想象力和文化意识，是维系一个地域文化身份和文化主权的基本依据。对其进行分类研究，有利于皖南非物质文化遗产的调查、研究、传承、保护和展示。

在较充分地借鉴国内外非物质文化遗产分类方法的基础上，针对皖南传统技艺类非物质文化遗产实情，本书将皖南传统技艺类非物质文化遗产分为以下五种类型：食——皖南传统饮食制作技艺、住——皖南传统建

---

① 此处皖南传统技艺类非物质文化遗产级别仅限国家级、省级。

筑技艺、学——皖南传统文房用品制作技艺、用——皖南传统生活器物制作技艺、艺——皖南传统艺术用品制作技艺。

当然，皖南传统技艺类非物质文化遗产项目尚不能完全归于此五个方面，但此分类却是最利于研究的。因此，本书将从食、住、学、用、艺五个方面对皖南传统技艺类非物质文化遗产进行具体研究。

（二）皖南国家级传统技艺类非物质文化遗产

安徽省登记的国家级传统技艺类非物质文化遗产共24项，其中皖南地区登记的国家级传统技艺类非物质文化遗产却有16项，占2/3。具体如下：传统饮食制作技艺类非物质文化遗产安徽省共6项，皖南地区有3项，占半数。传统建筑技艺类非物质文化遗产共2项，均属于皖南地区。传统文房用品制作技艺类非物质文化遗产共10项，皖南地区有7项，占7/10。传统生活器物制作技艺类非物质文化遗产共4项，皖南地区有2项，占1/2。传统艺术用品制作技艺类非物质文化遗产共2项，均为皖南地区所有。具体见附录1：安徽省国家级传统技艺类非物质文化遗产分布表。

（三）皖南省级传统技艺类非物质文化遗产

安徽省登记的省级传统技艺类非物质文化遗产共170项，其中皖南地区登记的省级传统技艺类非物质文化遗产共94项，占半数以上。具体如下：传统饮食制作技艺类非物质文化遗产安徽省共81项，皖南地区有44项，占大多数。传统建筑技艺类非物质文化遗产安徽省共9项，均为皖南地区所有。传统文房用品制作技艺类非物质文化遗产安徽省共25项，皖南地区有16项，占大多数。传统生活器物制作技艺类非物质文化遗产安徽省共26项，皖南地区为15项，亦占大多数。传统艺术用品制作技艺类非物质文化遗产安徽省共14项，皖南地区有6项，占将近一半。安徽省其他非物质文化遗产共15项，皖南地区占4项。具体见附录2：安徽省省级传统技艺类非物质文化遗产分布表。

二、皖南传统技艺类非物质文化遗产的分布特征

（一）总体分布特征

皖南地区登记的国家级传统技艺类非物质文化遗产项目共16项：黄山市12项、宣城市3项、池州市0项、芜湖市1项、马鞍山市0项、铜陵市0项。详见表1–5。

表1–5　皖南国家级传统技艺类非物质文化遗产项目概况

种类名称＼城市	黄山市	宣城市	池州市	芜湖市	马鞍山市	铜陵市
传统饮食制作技艺	3	0	0	0	0	0
传统建筑技艺	2	0	0	0	0	0
传统文房用品制作技艺	4	3	0	0	0	0
传统器物制作技艺	2	0	0	0	0	0
传统艺术用品制作技艺	1	0	0	1	0	0

皖南地区登记的省级传统技艺类非物质文化遗产项目共90项，其中黄山市40项、宣城市32项、池州市6项、芜湖市5项、马鞍山市4项、铜陵市3项。详见表1–6。

表1–6　皖南省级传统技艺类非物质文化遗产项目概况（不含“其他”种类）

种类名称＼城市	黄山市	宣城市	池州市	芜湖市	马鞍山市	铜陵市
传统饮食制作技艺	20	13	4	4	2	1
传统建筑技艺	6	3	0	0	0	0
传统文房用品制作技艺	7	9	0	0	0	0
传统器物制作技艺	4	6	2	0	2	1
传统艺术用品制作技艺	3	1	0	1	0	1

（二）集聚阶梯性分布特征

皖南省级传统技艺类非物质文化遗产的种类按照数量的多少可以分为四个阶梯，呈集聚阶梯性分布格局。传统饮食制作技艺为第一阶梯，约占安徽省国家级、省级非物质文化遗产总数的44%；传统文房用品制作技艺和传统器物制作技艺为第二阶梯，分别约占22%、16%；传统建筑技艺为第三阶梯，约占10%；传统艺术用品制作技艺为第四阶梯，约占8%。详见表1–7。

表1–7 皖南地区非物质文化遗产种类比例（不含“其他”种类）

种类名称 级别	传统饮食制作技艺	传统建筑技艺	传统文房用品制作技艺	传统器物制作技艺	传统艺术用品制作技艺	合计
国家级	3	2	7	2	2	16
省级	44	9	16	15	6	90
合计	47	11	23	17	8	106
比例	44%	10%	22%	16%	8%	100%

注：表格中的比例以安徽省国家级、省级非物质文化遗产单个项目类别的数量与安徽省国家级、省级非物质文化遗产总数相除得出，数值按“四舍五入”法取近似值。

皖南省级传统技艺类非物质文化遗产的空间分布按照数量的多少可以分为四级阶梯，亦呈集聚阶梯性分布格局。黄山市为第一级阶梯，约占安徽省国家级、省级非物质文化遗产总数的49%。宣城市为第二级阶梯，约占33%。池州市、芜湖市为第三级阶梯，均约占6%。马鞍山市和铜陵市为第四级阶梯，均约占3%。一般情况下，区域内国家级传统技艺类非物质文化遗产项目数量与省级传统技艺类非物质文化遗产项目数量成正相关性，即地区省级传统技艺类非物质文化遗产项目越多，国家级传统技艺类非物质文化遗产项目则越多，反之亦然。

（三）地域性差异分布特征

皖南国家级和省级传统技艺类非物质文化遗产项目主要分布于黄山、宣城、池州、芜湖、马鞍山、铜陵等6个地级市范围内，且在数量上存在一定差异。其中，黄山市有国家级传统技艺类非物质文化遗产项目12项、省级技艺类非物质文化遗产项目42项，数量上远远高于皖南其他地级市。宣城市居其次，有国家级传统技艺类非物质文化遗产项目3项、省级传统技艺类非物质文化遗产项目32项。而铜陵市截至目前还尚未有国家级非物质文化遗产项目，省级传统技艺类非物质文化遗产项目（含“其他”种类）仅有3项。

三、皖南传统技艺类非物质文化遗产传承面临的困境

非物质文化遗产是蕴含地区个性和魅力的文化财富，体现了区域文化的竞争力、辐射力。一个地区非物质文化遗产项目数量的多寡很大程度上凸显了当地文化内涵的深浅和文化魅力的强弱。近十多年来，政府部门颁布了一系列与传统技艺保护相关的文件，学术界也就此类问题展开了热议。这使得皖南传统技艺重焕生机，甚至一些濒临消失的手工技艺得到保护。但是，由于赖以生存的社会环境变化，以及原有文化生态的破坏，皖南传统技艺的传承仍面临诸多问题。

（一）后继乏人 人亡艺绝

由于社会急剧转型，皖南传统技艺类非物质文化遗产逐渐失去其赖以生存和发展的土壤，多数不能直接产生经济效益。虽然皖南地区各市政府层面的非物质文化遗产保护呼声高、动作大，仍然不能从根本上解决传承人缺失、断代的危机。如徽墨制作技艺中，以墨模雕刻工序难度系数最大，要求传承人必须美学素养和雕刻技艺兼备，在当地真正符合这个条件的传承人并不多。同时，作为学徒，必然要面对求学时间长、不

断重复枯燥的学习且前期收入低等困境。因此，在当下市场环境中，传统技艺难以吸引年轻人，甚至一些制墨世家子弟亦另谋他路，不愿继承家族徽墨制作技艺。如“在对歙县徽墨生产企业进行走访的过程中发现，能熟练掌握徽墨制作技艺的多是40岁以上的中老年手艺人，徽墨制作技艺在传承上几乎出现了年龄断层”①。又如徽州万安罗盘制作技艺，其传承人坚持传内不传外，他只想把制作罗盘的手艺传给儿子和媳妇，外界的人也有想跟着他学的，但是他认为这是国学，不愿外传②。万安罗盘制作技艺要求手艺人在风水堪舆、辨方乘气等方面颇具造诣，还能吃苦耐穷，若传承人一味坚持子承父业，会影响技艺的传承。

（二）市场变革 缺乏创新

近年来，随着市场经济的发展，产品赖以生存的市场结构发生重大变革，民众物质生活水平提高，价值观、审美观均发生了改变，相较于传统技艺类非物质文化产品，人们更青睐于西式快消物品。注重精细雕刻的徽州传统技艺并未结合现代科技对非物质文化遗产产品的题材和形式进行创新，多数非物质文化遗产技艺正逐渐失去生存市场。

首先，皖南传统技艺类非物质文化遗产赖以生存的传统市场日益消弭。如由于西方化学墨制品的冲击以及民众对硬笔书写习惯的逐步适应，作为皖南传统技艺类非物质文化遗产项目代表的徽墨，遭遇市场瓶颈。加之当代新媒体技术的快速发展，电子化办公、记录日益普及，徽墨在激烈的市场竞争中无任何优势，仅受到少数书画爱好者和收藏爱好者的青睐。其次，皖南传统技艺面临的市场环境也不乐观。因皖南地域效应明显，传统技艺传承人又没有知识产权意识，使得一些别有用心的商家有了可乘之机，批量生产的劣质产品充斥市场，依靠价格优势抢占本已

① 吴椒军，王月：《传统技艺的专利法保护路径探究——以歙县徽墨的保护为例》，《合肥工业大学学报（社会科学版）》2018年第4期，第34页。

② 方啸，樊嘉禄：《万安罗盘制作工艺及其传承发展研究》，《黄山学院学报》2017年第4期，第19页。

狭窄的非物质文化遗产市场。最后，皖南传统技艺对当代元素的挖掘和创新更是欠缺。皖南传统技艺在漫长历史进程中逐渐稳定并日臻完善，形成固定模式。在当今社会，皖南传统技艺的社会功能已经发生变化，但其产品在造型、外观方面并未紧跟时下的审美需求。如徽派盆景技艺坚持传统制作，在管理、统筹等方面缺乏创新，不能契合民众多元需求，传承创新乏力。

（三）生态破坏 文化缺失

文化生态具有不可再生性。皖南文化生态以传统农耕经济为根基，虽历多次政治更迭，但未发生根本性变化，是皖南传统技艺赖以生存的基础。皖南传统技艺的“原生性发展的动力模式来自古代的手工业和农业的技术状态，而现代社会发展的动力模式则来自机械工业和高新技术的发展状态。不同的动力模式产生着不同的社会构成方式和社会生活方式，产生着不同的文化观念和不同的审美需求”①。皖南原文化生态不得不让位当代认知方式和生活理念，皖南传统技艺失去生存环境，其传承发展困难重重。如徽州三雕、徽州竹刻等国家级非物质文化遗产传统技艺，只能依托当地旅游，以售卖纪念品的形式赖以生存。在农耕制度下形成的徽州传统技艺历史悠久、内容丰富，但其“在现代经济和文化的背景下如何发展，已经遇到了尖锐的矛盾，很多东西濒于失传的危险，需要加强我们的认识并找出相应的措施，使其得于继续”②。

---

① 方李莉：《论工艺美术的原生性与再生性》，《民族艺术》2002年第1期，第159页。

② 张道一：《中国民艺的现状与未来》，《美术观察》1997年第2期，第11页。

第二章　食——皖南传统饮食制作技艺

“民以食为天”，中华民族各族人民在漫长的物质生产、生活过程中创造出了灿烂辉煌的饮食文明，与其他文明一起构建了伟大的中华文明。于民众而言，“饮食”是一等大事。随着农耕文明的发展，皖南民众饮食品种日益丰富，他们不再满足于普通饮食，在生产经营过程中创造了多种饮食制作技艺，世代相传，逐渐形成一种饮食文化传统并得以传承。

第一节　皖南传统饮食制作技艺概述

皖南传统饮食制作技艺是中国传统饮食文化的重要组成部分，具有扩散渗透性、易于保存性、品种多样性、就地取材性和节日庆典性等特征，还具有极大的历史价值、文化价值、经济价值和营养价值。

一、皖南传统饮食制作技艺相关概念

（一）中国传统饮食文化

就传统饮食文化而言，不论是古人，还是今人，均与饮食关系密切。在中国古代，饮食文化的传承方式非常地自然，不需要大力宣传和推崇，就自然而然地世代相传。

中国传统饮食文化具有得天独厚的包容性和先进性。在中国几千年的

历史长河中，有统一、有分裂、有兴盛、有衰落，但无论怎样变化，饮食文化都能泰然若素、包容万态。

自古以来，我国幅员辽阔、民族众多，不同地区、民族的饮食风格迥异，这使得中国传统饮食品种多样、种类繁多，各地区、各民族都有自己的特色饮食，这些特色饮食与传统岁时食俗、饮食礼仪等交相辉映，共同构成丰富多彩的中国传统饮食文化。

随着社会转型和当代经济的飞速发展，人们的生活观念包括饮食观念发生了前所未有的改变，对饮食提出了更高更新的时代要求，中国饮食文化面临着前所未有的新局面、新趋势。

（二）皖南传统饮食制作技艺

皖南传统饮食制作技艺是指皖南民众在数千年的生产生活实践过程中世代相传的饮食制作技艺，主要包括红茶制作技艺、绿茶制作技艺、宣酒纪氏古法酿造技艺、皖南木榨油技艺、正兴隆酱菜制作技艺、采石矶茶干制作技艺、四季春传统小吃制作技艺等。诸如此类的传统饮食制作技艺，以“家庭式”授受方式为主，即通过父辈的口传身授演示、现场操作指导来实现世代相传的目标。

二、皖南传统饮食制作技艺的基本特征

皖南传统饮食制作技艺在生产生活中产生，又在社会实践中不断丰富和发展，形成自身的特色，具有以下基本特征：

（一）扩散渗透性

皖南地区地形、地貌相似，很多物产相同，一项饮食制作技艺一旦形成并具有一定名气，便会向四周扩散。因为受徽商的影响，古徽州传统饮食制作技艺对周边地区的影响、渗透尤为显著。如祁门红茶制作技艺，据《中国茶经》记载，祁红“主产安徽省祁门县，与其毗邻的石台、东

至、黟县及贵池等县也有少量生产”[①]。红茶制作技艺（池州润思），追本溯源，是受祁门红茶追求精制的影响，在祁门红茶制作技艺的基础上，其日臻成熟并基本固定成型。葛公红茶制作技艺，也是因为葛公镇位于东至县东部，与祁门县、石台县山脉相连，制茶技艺受到祁门红茶制作技艺的影响，最终形成成熟的红茶制作技艺，传承至今。又如皖南木榨油技艺，具体包括宣城木榨油技艺、芜湖木榨油技艺、歙县木榨油技艺、休宁木榨油技艺和石台油坊榨制技艺等。这些技艺虽各有特色，但都广泛使用“南方榨”（“木龙榨”），工序也十分相似，究其原因，离不开它们之间的相互影响、相互渗透、相互扩散。

（二）易于保存性

中国古代生产力不发达，食品匮乏且不易保存，皖南民众在与大自然斗智斗勇过程中，逐渐形成腌制等食品保存方式，形成了独特的食品文化，为后人留下了一笔宝贵财富。如皖南火腿腌制技艺，一方面大大延长了猪肉的存放时间，另一方面又增加了猪肉的鲜美程度，一举两得。泾县的琴鱼干制作技艺，更是将易于腐坏的鱼类食品食用期限大大延长。又如徽州烧饼制作技艺和徽州顶市酥制作技艺，制作的食品因存放时间长而成为古徽州人外出经商的必备干粮，对徽州人来说意义重大。

（三）品种多样性

通过比较安徽省国家级、省级传统饮食制作技艺非物质文化遗产项目数量可知，皖南传统饮食制作技艺非物质文化遗产项目数量比皖中、皖北多得多。再比较皖南各项传统技艺类非物质文化遗产项目数量亦可知，皖南传统饮食制作技艺非物质文化遗产项目所占比重最高。可见，皖南传统饮食制作技艺非物质文化遗产项目数量繁多且品种具有多样性。如制茶技艺，包括红茶、绿茶、花茶等。而红茶制作技艺，又可分为祁门红茶制作技艺、红茶制作技艺（池州润思）、葛公红茶制作技艺等。绿茶

① 陈宗懋：《中国茶经》，上海文化出版社1992年版，第213页。

制作技艺可分为黄山毛峰制作技艺、太平猴魁制作技艺、金山时雨制作技艺、松萝茶制作技艺等。又如皖南木榨油技艺，可分为宣城木榨油技艺、芜湖木榨油技艺、歙县木榨油技艺、休宁木榨油技艺和石台油坊榨制技艺等。皖南古民众，针对同一种原材料，在相互借鉴的基础上形成风格迥异的制作技艺，为后人留下了宝贵的财富。

（四）就地取材性

皖南地区气候宜人、物产丰富。皖南传统饮食制作技艺，均来源当地物产，就地取材。如太平猴魁主产地太平县猴坑，因高峰鼎立，群山环抱，林木苍郁，常年云雾缭绕，形成了得天独厚的宜茶环境，才有独具“猴韵”的太平猴魁问世。而涌溪火青，正因其产地泾县涌溪层峦叠嶂、山清水秀、鸟语花香、泉水潺潺，在此环境下生长的绿茶叶如碧玉、味似花香，成为历朝之贡茶。又如宣城木榨油技艺，宣城敬亭山老油坊位于敬亭山北麓，水阳江西岸，水阳江水清澈透明、甘甜醇和。榨油的原料丰富，采用的是低芥酸、低硫代葡萄糖苷的油菜，芝麻以及被誉为“东方树”的山茶籽。木榨器具所用香樟、檀木等是国家二级保护树种。包饼用早稻草原料，所以油品出众。再如宣酒纪氏古法酿造技艺，宣城市北郊地下水资源丰富，水质清澈、味道甘美、酸碱适中，非常适合酿酒。酿宣酒选用的优质稻米、高粱，均为宣城本地所产，尤以本地的籼米为最佳，米粒饱满、粘性适中，和高粱混合后，可降低糟醅的粘性，便于蒸粮、蒸酒。所酿之酒味醇甘甜、尾味爽净，饮之令人心旷神怡。可见，宣酒纪氏古法酿造技艺对外影响日益彰显，得益于当地水质清澈、味道甘美的地下水和优质稻米、高粱。

（五）节日庆典性

皖南传统饮食制作技艺与当地节日习俗关系密切，甚至有着直接关系。如丫山藕糖，因其味道甜美，“藕”与“偶”字谐音，于是，人们便赋予丫山藕糖许多丰富美好的涵意：送给老人，则有敬祝身体健康、永不孤独之意；送给年轻人，则有祝愿喜气盈门、喜结连理之意；送给老朋友，则有希望互相往来、增进友谊之意等。每逢春节来临，它便成为当地人走亲访友必备的馈赠佳品，文化价值突出。又如泾县的正兴隆酱菜，《泾县志》中记载了泾县酱菜的食用价值，在泾县的“春秋丁祭”中，其为祭品之一，在民俗活动中发挥了重要作用。再如徽州顶市酥，当地习俗中，过年时家家都把红纸包装的顶市酥装在果盒里招待客人，到亲戚家去拜年时也一定要送上。当地有民谚曰：“拜年不带麻酥糖，请君不要进厅堂。”顶市酥食用之后的包装纸也不会扔掉，长辈们会用这些红纸包上压岁钱，分给前来拜年的孩子们。在徽州，顶市酥还与状元文化紧密联系在一起。徽州文人上京赶考，无论穷富，口袋里必然要装上几包顶市酥，以求能状元及第，光宗耀祖，所以顶市酥在当地还被称为“状元红纸包”。祁门的嵌字豆糖，亦是明清以来当地逢年过节招待客人的传统糕点，具有浓郁的地方风味，美味可口，深为民众喜爱。

三、皖南传统饮食制作技艺的价值

皖南传统饮食制作技艺是皖南民众生产生活智慧的结晶，具有重要的历史价值、文化价值和经济价值。

（一）历史价值

皖南传统饮食制作技艺体现了皖南文化的悠久历史，在一定程度上传承着中国传统文化。如宁国红曲酒酿造技艺，其传承人为宁国云梯畲族乡人，畲族发脉于河南偃师，南迁广东潮州后，又分迁福建、浙江等地，再由浙江分迁到宁国。这在一定程度上反映了中国民众迁徙史和民族融合史。同时，由祁门红茶制作技艺衍生出来的丰富多彩的茶俗文化、饮茶文化以及茶具文化等都具有重要的历史文化传承价值。如流传在祁门西乡彭龙村的民间舞蹈《采茶扑蝶舞》、戏曲《天下的红茶数祁门》和诗歌《天下红茶祁门好》等，这些作品都生动地描绘了茶乡人民的生产生活情境，是茶文化吸收并向其他传统文化渗透的直接反映，其所包含的历史信息，无疑对传承和弘扬中华文明具有重要的历史价值[①]。又如黄山烧饼，由于存放时间较长，利于携带，适合在旅途食用，成为徽商外出经商的随身“三宝”（一包饼、两本书、三根绳）之一，不仅是徽商外出的充饥之物，更成为徽商不畏艰险、勇于开拓精神的象征，见证了徽商的发展。

（二）文化价值

皖南传统饮食仅就名称而言，就有着深厚的文化内涵。以茶叶为例，如池州润思、太平猴魁、金山时雨、瑞草魁、塔泉云雾、涌溪火青、雾里青等茶叶名称，无不体现着中国文字的优美和魅力。徽州人在品茶的过程中形成了一定的饮用习俗，这为徽州人独特的茶礼、茶仪、茶艺、茶会、茶德的形成打下了坚实的基础。同时，皖南传统饮食制作技艺还与诗仙、诗歌结缘，如宣酒纪氏古法酿造技艺，其始祖为大唐天宝年间的纪叟。诗仙李白七游敬亭山，每次必至纪叟家中酣饮纪叟美酒，皆惊羡称绝，遂赠名曰：“纪叟老春。”后纪叟仙逝，李白哀作《哭宣城善酿纪叟》诗：“纪叟黄泉里，还应酿老春。夜台无李白，沽酒与何人？”皖南传统饮食制作技艺产品自身也体现着丰富的徽文化。如祁门的嵌字豆糖，其切成细条后，能做成福、禄、寿、喜等喜庆字样，制作手艺精湛，既是香甜爽口的食品，又是精美的工艺品，也是当地人品茶、谈文的茶点。而绩溪挞粿更为有趣，因使用场合不同而各有俗名：若是作为日常食品则统称“挞粿”，若是作为农人上山下田劳作所带的方便吃食则称“冷饭果”，若是作为徽商出门做生意带的食品又称“盘缠果”，若是徽商出门前留下的吃食则叫“记家果”。这些无处不体现着丰富的徽文化。

---

① 赵自云，唐孝中，占辉斌：《传统手工技艺开发价值考证——以祁门红茶制作技艺为例》，《赤峰学院学报（自然科学版）》2016年第2期，第38页。

（三）经济价值

皖南传统饮食制作技艺无论在古代还是当代，都具有一定的经济价值。清嘉庆年间，胡氏先祖胡福生即开始经营烧饼店，道光年间在屯溪开设胡兴堂烧饼专营店，秘制出多种口味的徽州烧饼，获利颇多。当代，以胡兴堂烧饼为代表的徽州烧饼，受到了全国各地人的喜爱，成为到黄山旅游的游客必买佳品，在互联网上更是销量惊人，获得一致好评。而宣酒纪氏古法酿造技艺，在古代当地就有很多人以此盈利。今天，宣酒纪氏古法酿造技艺在前人酿酒方法的基础上，结合现代酿造技术，革新酿造工艺，一系列产品已销往省内外市场，品牌知名度得到进一步提升。诸如祁门红茶、黄山毛峰、太平猴魁等优质名茶，一经问世便远销国内外，深受消费者喜爱。当代，这些名茶更是供不应求，为当地创造了巨大的经济价值。

（四）营养价值

皖南传统饮食制作技艺的相关产品，不仅品种多样、易于保存，还极具营养价值。如皖南木榨油，其工具除了炒料锅和蒸料底锅外，清一色采用木、石器具，原料采用的是天然无污染的油菜、芝麻和山茶籽，全程不添加任何化学原料，工艺流程全部手工操作。这种榨油方法较之机械化、规模化模式加工出来的油脂产品，更加营养健康。又如祁门地区制作的安茶，因祁门地区山高林密、降水充沛、温度适宜，土地肥沃，十分适合茶树的生长。再加上安茶独特的制作方法，使得其品质优良，制成的茶冲泡出来的汤色澄明、清爽醇厚、味中有甜，不仅是饮用佳品，还具有很高的药用价值，岭南中医诊方常用此茶作引，被两广和东南亚诸国誉为“圣茶”。现代药理分析发现，安茶中含有多酚类，有清热止血，解毒消肿，杀菌解渴生津，消瘴辟邪之功效，食之益寿而提神[①]。再如观音豆腐，是采集皖南山区野生腐婢树叶，通过搓揉、过滤等加工工

① 詹三良：《安茶探源》，《茶业通报》2017年第1期，第36页。

艺提取果胶制作而成的一种绿色食品。《本草纲目》《神龙本草经》《食性本草》等药典载其有治疟疾、泻痢、痈疔肿毒、创伤出血、毒蛇咬伤及醒酒、降血压等疗效[①]。还有宁国的红曲酒，以纯粮酿造，主要成分是糯米、红酒曲、泉水。《本草纲目》中记载，红曲有活血化淤、健脾暖胃之功效。红曲酒亦有通血脉、活经络、除风湿、厚肠胃、润皮肤、散温气、消宿食、御风寒的药理作用。现代医学临床试验证实它还具有降脂、降糖、降压功效，十分符合人们健康饮酒的理念。

第二节　皖南传统饮食制作技艺种类[②]

皖南传统饮食制作技艺数目众多，本节根据各技艺特征，将其分为皖南传统食品制作技艺、皖南传统酿酒技艺和皖南传统制茶技艺。其中皖南传统食品制作技艺包括腌制品、豆制食品、木榨佳品、面点糖食的制作技艺，皖南传统酿酒技艺包括米酒、黄酒、烧酒和红曲酒的制作技艺，皖南传统制茶技艺包括红茶、绿茶、花茶的制作技艺等。

一、皖南传统食品制作技艺

皖南传统食品制作技艺品类繁多，主要包括腌制生鲜、豆制食品、木榨佳品、面点糖食等。其中腌制生鲜包括皖南火腿腌制技艺、琴鱼干制作技艺、正兴隆酱菜制作技艺等；豆制食品包括观音豆腐制作技艺、采石矶茶干制作技艺、五城豆腐干制作技艺等；木榨佳品包括宣城木榨油技艺、芜湖木榨油技艺、歙县木榨油技艺、休宁木榨油技艺、石台油坊榨制技艺等；面点糖食包括徽州烧饼制作技艺、徽州顶市酥制作技艺、绩溪挞粿制作技艺、嵌字豆糖制作技艺、丫山藕糖制作技艺等。

① 胡建斌，方卫星：《徽州技艺·歙县卷》，合肥工业大学出版社2013年版，第42页。

② 此节部分内容参见安徽省非物质文化遗产网。

（一）腌制生鲜

皖南地区依山傍水，物产丰富，品种较多，但诸如肉类、鱼类、蔬菜等食品，虽味道鲜美、营养价值高，但有容易腐坏、不易保存的缺点。勤劳智慧的当地民众，创制了诸如腌制的食品保存方法，方便了日常生活。

1.皖南火腿腌制技艺

皖南火腿腌制技艺的生产加工历史悠久、源远流长，主要包括兰花火腿腌制技艺和汤口火腿腌制技艺。

（1）兰花火腿腌制技艺

安徽省黄山市休宁县蓝田镇是兰花火腿的原产地，蓝田镇历史上是皖南花猪之乡，而皖南花猪追根溯源就是蓝田花猪。休宁兰花火腿腌制技艺产生于宋代，发展于明代，成名于清代并真正形成品牌。

兰花火腿腌制技艺以当地产的蓝田花猪后腿为原料，经当地特有的手工工序加工成火腿后，肉色红润、肉质细嫩、香气浓郁、沁人心脾。食之，肥而不腻、香味浓郁、回味无穷。

（2）汤口火腿腌制技艺

汤口火腿产于安徽省黄山市黄山区汤口镇，汤口镇在经历了元代的军民屯田、明代的设置卫所及土流合治等社会变革后，社会生产力有了很大提高，当地农户种植了多种农作物，还养殖了一些家畜和家禽。过年时，宰杀的过年猪，自食有余，想要出售但受流通限制，为了防止多余的猪肉变质，当地民众想到了用食盐腌制的方法保存猪肉，以便随时食用。

汤口火腿腌制技艺亦以当地农户自养的土猪的后腿为原料，经过鲜猪腿验收、修割腿坯、腌制、浸腿、洗腿、盖印、晒腿、整形、发酵保管、虫害检查、落架分级、堆叠、成品等十几道工序，方能完成制作。腌制后的汤口火腿，肉质细嫩、皮色黄亮、肉红似火、香郁味美，不仅是名特食品，还是一种营养丰富的药膳食品[①]。

2. 琴鱼干制作技艺

琴鱼干制作技艺历史悠久，早在汉代，泾县就有捕捞、制作琴鱼干的习俗，自宋代起，当地还年年向朝廷进贡琴鱼。泾县琴鱼主要生长于该县琴溪镇境内的琴溪河段面，平时深匿于石隙，在清明前后才露面，琴鱼因为生长环境好，所以品质很高。

但因琴鱼类河鲜产品容易腐坏，对其进行腌制为不二选择，故当地人创制了泾县琴鱼干制作技艺。琴鱼干制作，选料讲究、做工精细，制成的琴鱼干色泽金黄、细嫩酥脆、营养丰富。

3. 正兴隆酱菜制作技艺

泾县酱菜的食用价值早在明清时期《泾县志》中就有记载。泾县酱菜制作技艺是将自产的蔬菜、豆制品等农副产品进行精选、清洗、晾晒、腌制，既保持了新鲜菜蔬的鲜美，又能使菜蔬长久存储的一项技艺。泾县酱菜在泾县范围内的农家均有制作，随着社会的发展，一些特有的酱菜制作从普通农家分离出来，形成酱坊、豆腐店，广泛分布于泾县各集镇和大村庄，其中最为著名的就是泾县正兴隆酱菜。

（二）豆制食品

从古至今，豆制食品都是中国民众的主要食物之一。观音豆腐制作技艺、采石矶茶干制作技艺、五城豆腐干制作技艺，是皖南地区豆制食品制作技艺的主要代表。

1. 观音豆腐制作技艺[②]

观音豆腐是采集皖南山区野生腐婢树叶，提取其汁，通过特殊的加工工艺制作而成的一种绿色食品。根据黄山歙县民间传说，宋元之交，战乱不断，当地又连年干旱，农民食不果腹。有人梦见观音菩萨指点，用

① 胡建斌，罗毅力：《徽州技艺·黄山区卷》，合肥工业大学出版社2013年版，第35—36页。

② 此部分内容参见胡建斌，方卫星：《徽州技艺·歙县卷》，合肥工业大学出版社2013年版，第43页。

野生腐婢树叶榨汁，加草木灰使其凝固，即可充饥，因其凝固后如同豆腐，故得名观音豆腐。

据《本草纲目》《神龙本草经》《食性本草》等药典记载，腐婢有治疟疾、泻痢、痈疔肿毒、创伤出血、毒蛇咬伤、醒酒、降血压等功效。每年4月下旬至11月为腐婢树叶生产期，3斤腐婢树叶可制7斤观音豆腐。观音豆腐制作技艺可就地取材，无须专门工具，制作流程简单。观音豆腐颜色绿如翡翠，凝而不碎，吃在嘴里鲜嫩爽口，微带涩味，但清香满口，别有风味。

2.采石矶茶干制作技艺

据《当涂县志》记载，早在唐代，采石地区就有豆腐干传世。清乾隆末年，采石翠螺山下的一对夫妇，用当地特有的山泉水为辅料，做成五香干子，深受当地百姓喜爱。后采石矶茶干传遍大江南北，最终传入京城皇宫。嘉庆皇帝尝了这种茶干，即颁御旨，将采石矶茶干作为江南贡品之一，常年进贡。

制作采石矶茶干的原料是选用优质的大豆，辅以甘草、茴香、八角等佐料。其凭借精湛的工艺、优良的配方，生产出的茶干色香味俱全、营养价值高，远销国内外。

3.五城豆腐干制作技艺

休宁县五城镇为休宁古之大镇，历来驰名。该镇在历史上先后出了三名状元，是状元县里的状元镇，声名远播。相传，早在南宋时期，五城便已生产豆腐干，代代相传，沿袭至今。清朝乾隆皇帝尝过五城豆腐干后，赞其为“江南一绝”，由此其身价百倍，成为朝廷贡品。

五成豆腐干选用当地产的优质黄豆和地下水精制而成。制作工序主要有浸豆、磨浆、下卤、上箱、打包、清沥、卤制、包装等，其汤汁十分考究，虽然各个豆干作坊的卤汁大同小异，但大多都有自己的祖传秘方。五城豆腐干还具有对折不断，无裂纹等特征，其品种较多，有五香、臭卤、虾仁、火腿、香菇、麻辣等口味，是品茶的好点心，也是下酒佳肴。

（三）木榨佳品

木榨榨油技艺历史十分悠久。早在北魏贾思勰的《齐民要术》中，就有压榨取油的记载，距今已有一千多年的历史。元代王祯《王祯农书》、明代宋应星《天工开物》等书中，均有榨油机和榨油方法的记载。“南方榨”（“木龙榨”）技艺在皖南一带被广泛采用。皖南是木榨油兴盛之地，因地域不同，又分为宣城木榨油、芜湖木榨油、歙县木榨油、休宁木榨油和石台木榨油等。

1. 宣城木榨油技艺

宣城木榨油的原料丰富，选用的是低芥酸、低硫代葡萄糖苷的油菜、芝麻和有“东方树”之称的山茶。木榨器具所用香樟、檀木等木材结实耐用、醇香怡人。选用的水源是水阳江水，清澈透明、甘甜醇和。包饼用的是早稻草原料，清香耐久、相得益彰。

宣城木榨油技艺深得“南方榨”技术之精髓，通过选料、车籽、炒籽、磨粉、蒸粉、结草、铺粉、圈饼、踩饼、压饼、上榨、插楔、撞榨、接油、沉淀、缸醒等十几道工序百余个流程，每道工序、每个流程都靠师徒口传身授，这种实践的经验很难为现代技术所替代。

2. 芜湖木榨油技艺

芜湖地区气候湿润，土壤肥沃，适合油料作物的生长。芜湖木榨油技艺，是指利用木榨设备将油菜籽加工成食用油的手工技艺。工艺程序主要有炒籽、碾末、熏蒸、包饼、装榨、打榨、沉淀等，每一道工序全靠手工来完成，手工技艺掌握以实践操作为主。利用木榨榨出来的油，口感好、无腻味。在开榨的时候，周边地区都能闻到香味，有“榨香十里远”之赞誉。

3. 歙县木榨油技艺

歙县木榨油技艺主要有筛籽、车籽、炒籽、磨粉、蒸粉、踩饼、上榨、插楔、撞榨等十几道工序。油菜籽收割后，首先用风车筛去杂质，再在大锅里炒熟。炒好的油菜籽冷却后，再进行两到三次的碾磨。碾的粉越细越好，粉越细出油率也就越高。碾好的粉再放进蒸笼上蒸，蒸粉是一道很关键的程序，火候的掌握非常重要。蒸好的粉倒进放了稻草的铁圈中，踩压成粉饼，再将粉饼放进木榨的榨膛的槽内，通过挤压的方式使其出油。

4. 休宁木榨油技艺

休宁木榨油技艺秉承了传统技艺严谨苛刻、一丝不苟的宗旨，千锤百炼出的木榨油色泽清透、滴滴纯香、营养丰富，深得人们喜爱。

休宁木榨油工艺十分复杂，要经历风车去杂、炒锅炒熟、上槽碾末、蒸锅包饼、上圈装榨、木槽打榨、沉淀沥油等工序。木榨榨油时，先将蒸好的油菜籽粉饼装入木榨的榨膛的槽内，有序排列。装好油菜籽粉饼后，在油菜籽粉饼的一侧塞入木块，然后利用悬挂的撞锤撞击木块之间的一个楔片。随着楔片被打入榨膛，榨膛中横放的木块会对油饼产生挤压，从而出油。

5. 石台油坊榨制技艺

石台油坊榨制技艺是指石台境内过去普遍存在的木榨制油的整个工序和技巧①。石台古油坊制作现场紧张有序，打油号子、牛拉碾子、铿锵的油锤声伴随着浓郁的油香飘散在人们的生活里，是乡村一道亮丽的风景线。油坊伴随着劳动人民的劳作一起走过岁月，成了人们生活中不可或缺的一部分。

（四）面点糖食

皖南面食糖食制作技艺主要有徽州烧饼制作技艺、徽州顶市酥制作技艺、绩溪挞粿制作技艺、嵌字豆糖制作技艺和丫山藕糖制作技艺。其产品无论在古代还是现代，都是深受当地人喜爱的食物。

1. 徽州烧饼制作技艺

明清时期，徽商成为商帮之首，足迹遍布四海，商贸贯通中西。徽州烧饼由于可存放的时间较长，易于携带，适合在旅途中食用，因此成为

① 杨果：《安徽省首批非物质文化遗产名录图典》，黄山书社2008年版，第139页。

徽商外出经商的必带物品之一。它不仅是徽商外出的充饥之物，还是徽商不畏艰险、勇于开拓精神的象征和见证。因此备受徽商青睐，常常被作为礼品馈赠五湖四海的商友宾朋①。

徽州烧饼又名“黄山烧饼”，亦称“火炉饼”，因经木炭焙烤后，形如螃蟹背壳，色如蟹黄，故又称“蟹壳黄烧饼”。徽州烧饼取材考究、工艺精湛、风味独特②。清嘉庆年间，胡氏先祖胡福生开始经营烧饼店，道光年间，其在屯溪开设胡兴堂烧饼专营店，秘制出多种口味的徽州烧饼，其制作技艺留传后世。1992年，胡氏传人胡国训恢复祖传技业，成立黄山超港食品有限公司，并重振“胡兴堂”百年店号，使徽州传统特色民间小吃制作技艺得以完整保护和传承。

2. 徽州顶市酥制作技艺

顶市酥的前身为麻酥糖，最早可追溯至南宋，是古徽州一府六县的传统糕点。明清时，因为徽商的崛起，麻酥糖随着徽商的足迹走遍全国，渐渐成为人们日常食用和招待客人的必备茶点。当时，市面上最好的麻酥糖被人们称作顶市酥，顶市酥便逐渐取代了麻酥糖的名称，沿用至今。

顶市酥采用的原料是脱壳的白芝麻、白糖，配以少量面粉，拌以饴糖精制而成。成品白中显黄、抓起成块、提起成带，进嘴甜酥、满口喷香、不粘牙不粘纸，老少皆宜。在徽州，顶市酥还与状元文化紧密联系在一起。徽州文人上京赶考，无论穷富，口袋里必然要装上几包顶市酥，以求能状元及第，光宗耀祖。所以，顶市酥在徽州又被称为“状元红纸包”。

3. 绩溪挞粿制作技艺

挞粿是一种包了馅的面饼，是有“中国徽菜之乡、中国厨师之乡”之称的绩溪县最古老、最具特色的传统食品之一，因使用场合不同而各有俗名。

绩溪挞粿制作技艺十分讲究技巧，和面的时间不能太长也不能太短，

① 胡建斌，魏晓莉：《徽州技艺·屯溪区卷》，合肥工业大学出版社2013年版，第47页。

② 胡建斌，魏晓莉：《徽州技艺·屯溪区卷》，合肥工业大学出版社2013年版，第47页。

和面的时间长了则韧性太大，不容易把饼做大，而且口感太硬；和面的时间太短，会导致面太软。和好面后，将面团分成若干份小面团，用擀面棒擀成面皮，再将调好的馅料包至面皮中，然后用擀面棒来回压平成圆形，放置铁锅中烤制2～3分钟即可。挞粿味道随馅而来，各种口味都有，常见的有鲜肉、香椿、豆黄、槐花、豇豆、韭菜、萝卜等，烤熟后香气扑鼻、口味丰满、软硬适中。

4. 嵌字豆糖制作技艺

在古徽州，尤其是祁门县民间，逢年过节都要蒸糕做糖。古祁门有多种多样的做糖原料，如冻米、芝麻、花生等。原料炒熟后和以糖稀压制成型，切成小块即成。制成的冻米糖、谷米糖、芝麻糖等，松软宜人，香甜可口，其中尤以嵌字豆糖制作技艺最为独特。嵌字豆糖是当地逢年过节招待客人的传统糕点，具有浓郁的地方风味，美味可口，深为人们喜爱。

嵌字豆糖制作技艺沿袭至今已有百年历史，它的独特之处在于那小块四方四正豆糖间的芝麻粉条造字。它的工序并非一蹴而就，而是需要经过纯手工的熬糖、和粉、搅拌、压实、制字、拉伸、切片等28道工序，其中最关键的步骤是制字，利用黄豆粉条和芝麻粉条上下搭配，必须要记清字的笔画顺序，否则“嵌字”失败，就不能称之为嵌字豆糖。

5. 丫山藕糖制作技艺

丫山藕糖是安徽省芜湖市南陵县丫山地区的一种传统食品，逢年过节家家必备。丫山藕糖制作技艺由来已久，相传始于宋代，经当地山民们口传身授、代代相传。丫山藕糖因味道甜美，“藕”与“偶”字谐音，于是，人们便赋予丫山藕糖许多丰富美好的涵意。

丫山藕糖的原料选用的是当地产的优质稻米、麦芽、芝麻和桂花等。丫山地区有独特的地理环境、气候条件，其地处深山，昼夜温差大，加之光照充足，当地生产的稻米含糖量很高，是熬制糖稀的最佳原料。

二、皖南传统酿酒技艺

皖南传统酿酒技艺历史悠久、品类齐全，有米酒酿造技艺、烧酒酿造技艺、黄酒酿造技艺、红曲酒酿造技艺等。具体而言，主要有五城米酒酿制技艺、横望山米酒酿造技艺、宣酒纪氏古法酿造技艺、古南丰徽派本坊小缸酿造技艺、红曲酒酿造技艺等。

（一）米酒

1. 五城米酒酿制技艺

五城镇是黄山市的商贸重镇，地处休宁县南部的皖赣边陲。五城的米酒文化源远流长，唐宋时期，五城黄姓人创办的“将军会”就有做米酒祭祀的习俗。后来，因五城人恪守“父传子、子传孙、只传男、不传女”的祖训，米酒酿制技艺一直局限在当地。直到晚清民国时期，由于外姓人迁入，五城米酒才逐年向外扩展，酿制加工技艺也日趋精湛。五城米酒酿制技艺以当地原生态环境下培育的珍珠糯米和山泉水为原料，经过浸米、蒸饭、淋饭、糖化、发酵、养酒、陈化、出缸、存放等严密工序酿造而成。五城米酒酿制技艺与众不同，一年四季均可酿造，在处理水温、酒曲等工序上有着祖传秘招。

2. 横望山米酒酿造技艺

横望山米酒酿造技艺历史悠久，据相关史料记载和遗址发现，清咸丰年间，陶家米酒是横望山一带最具盛名的大酒槽坊。虽后来日渐衰落，但其祖传酿酒技艺一直得以延续。

横望山米酒酿造技艺用材考究、做工精细、酿制原始、选择时令、酒味鲜美，营养极其丰富。横望山米酒一直采用古代“武陵桃源酒法”传统酿造工艺，每年都精选新上市的糯米，采山泉或清晨的“井花水”，取精曲酿制而成。2014年，横望山米酒荣获“安徽老字号”称号，央视《消费主张》报道了横望山米酒。其产品在本地区家喻户晓，口碑极佳，并销往全国各地，甚至漂洋过海，堪称“江南极品米酒”。

（二）烧酒（宣酒纪氏古法酿造技艺）

皖南烧酒酿造技艺主要为宣酒纪氏古法酿造技艺。“宣酒”酿造历史最早可以追溯到唐代，据史料载，大唐天宝年间，宣城盛行烧酿之风，其中尤以纪叟擅酿。唐天宝至上元年间，诗仙李白七游敬亭山，每次必到纪叟家中酣饮纪叟美酒。后人秉承纪叟老春遗风，世代精酿，成就了今天的宣酒。宋末元初是宣酒纪氏古法酿造技艺最辉煌的发展时期，传统的纪氏酿造经验得以升华，在传统黄酒的基础上，发展为烧酒，并且在此后的实践中渐渐摸索出一定的生产经验，形成了自己独特的酿造技艺。

宣酒的超群品质得益于当地丰富的地下水资源和优质的原料。宣城市北郊地下水资源丰富，水质清澈，味道甘美，酸碱适中，非常适合酿酒，所酿之酒味醇甘甜，尾味爽净，饮之令人心旷神怡。酿宣酒选用的原料均为宣城当地产的优质稻米、高粱，尤以籼米为最佳，其米粒饱满，粘性适中，与高粱混合后，可降低糟醅的粘性，便于蒸粮、蒸酒。辅料稻壳选用的是金宝圩产的早籼稻壳。该早籼稻壳，质地较硬，受热不软，通气性好，是宣酒酿造的主要辅料。

（三）黄酒（古南丰徽派本坊小缸酿造技艺）

根据《宋史・地理志》记载，江南东西两路有冶铸、金帛、谷稻之利，古南丰徽派本坊小缸酿造技艺所在地郎溪正地处江南，当地及周边手工业发达、粮食生产充足，为黄酒酿造提供了充分的条件。

古南丰徽派本坊小缸酿造技艺源于徽州民间私坊酿造米酒——徽州甲酒。徽州甲酒酿造史可追溯到唐代，于明清时期臻于鼎盛。小说《镜花缘》中的人物在谈酒时，列举了全国各地名酒，其中就有徽州甲酒。徽州甲酒又称“夹酒”，糯米酿造，酒色微黄清澈、香气诱人、入口微甜，时间愈久愈醇。

古南丰徽派本坊小缸酿造技艺既与徽州黄酒酿造技术一脉相承，又受当时绍兴黄酒酿造技艺的影响。最终，南丰当地潘氏以徽州封缸酒为基础，不断传承改良，加入枸杞、黑米等原料，形成了独具特色的古南丰徽派本坊小缸酿造技艺并传承至今。

（四）红曲酒（红曲酒酿造技艺）

红曲酒起源于广东潮州畲族，至今已有千余年历史。19世纪末，畲族钟姓、雷姓、蓝姓由浙江省淳安县等地迁移到宁国云梯等地定居，并带来了红曲酒酿造技艺，故云梯畲民已有百余年酿红曲酒的历史。

红曲酒以纯粮酿造，主要成分是糯米、红酒曲和泉水。《本草纲目》中记载，红曲有活血化淤、健脾暖胃之功效。每年十月，气温适中，适于酿酒，畲民家家户户取上等糯米，用饭甑蒸熟，待晾凉后用手将饭团搓碎，成松散状，加入红曲拌匀倒入缸中，再加入山泉水，搅拌均匀，盖严缸口，任其发酵。半月后再经常搅拌，使其发酵均匀（搅拌时上下轻轻翻动）。过一个月左右，发酵透彻，酒糟沉到缸底，红曲酒初步酿成。再用篾篓滤去酒糟，留下一种鲜红而不浑浊的透明液体，即红曲酒。

三、皖南传统制茶技艺

在皖南传统饮食制作技艺中，最具影响力、最有经济价值的，当属传统制茶技艺。皖南传统制茶技艺主要包括红茶制作技艺、绿茶制作技艺、花茶制作技艺等，是中国制茶技艺史上的瑰宝。

（一）红茶制作技艺

皖南传统制茶技艺以祁门红茶制作技艺最为著名，红茶制作技艺（池州润思）、葛公红茶制作技艺等红茶制作技艺都受祁门红茶制作技艺的影响，但同时各具特色。

1. 祁门红茶制作技艺

祁门红茶，产于黄山市祁门县一带，是中国十大名茶之一，与印度大吉岭红茶、斯里兰卡乌伐红茶并称为世界三大高香茶。祁门县产茶历史悠久，在唐代就已成为全国著名的产茶区。唐代著名诗人白居易《琵琶行》中的经典诗句“商人重利轻别离，前月浮梁买茶去”，即描述了唐代浮梁茶市情景。诗中茶商所买茶叶，大多产于祁门地区[①]。到了清朝咸丰后期，国际市场上绿茶一度滞销，祁门胡元龙、黟县于干臣，于光绪初年仿闽红制作方法，尝试祁门红茶制作技艺，并获得成功[②]。祁门红茶一经问世，即以其超凡出众的品质蜚声中外。1915年，祁门红茶在巴拿马万国博览会荣获最高金奖。1987年，祁门红茶再获第26届世界优质食品评选大会金奖。祁门被国家命名为“中国红茶之乡”。

祁门红茶制作技艺是中国红茶制法的典型代表。红茶属发酵茶，成品的祁门红茶外表色泽乌润，条索紧细；汤色红艳透明，叶底鲜红明亮；具有独特的砂糖香或苹果香，并蕴藏有兰花香，清香持久，被誉为“祁门香”。祁门红茶全靠手工制作，上乘的质量，取决于手上工夫，所以祁红又叫“祁门工夫”。祁红制茶过程分为初制和精制两大部分，其中初制又有萎凋、揉捻、发酵、干燥四道工序；精制有筛分、切断、风选、拣剔、复火、匀堆等工序，制茶人没有十年以上的经验，不下一番苦功夫，是制不出好茶的。

2. 红茶制作技艺（池州润思）

池州润思制作技艺受祁门红茶制作技艺的影响，其历史可以追溯到清末光绪年间。因池州与祁门毗邻，池州润思红茶受祁门红茶追求整洁美观、体积缩小的影响，也开始了精制。在此基础上，池州润思红茶的手工制作技艺日臻成熟并基本固定成型。

20世纪60年代始，随着机械制茶的兴起，祁门红茶制作技艺开始由单纯的手工制作向机械化转变。但在池州地区，红茶的手工制作技艺一

① 王镇恒，王广智：《中国名茶志》，中国农业出版社2000年版，第197页。

② 胡武林：《徽州茶商史略及其特色》，《茶业通报》1989年第4期，第43页。

直延续至今。制作时一般采用毛茶单级付制多级收回的方式进行，毛茶付制毛火烘干取料后，按照本身路、长身路、圆身路、轻身路四路制作，各路头尾茶单独处理。整个流程大致包括投料付制、毛火烘干、取料（破碎、毛筛、抖筛）、筛分（园筛、紧门、撩筛）、风选、拣剔、清风补火、拼和匀堆等工序。这一科学完整的工艺，是制作纯正红茶的品质保证，对红茶文化的传播和发展，具有独特而深远的意义。

3. 葛公红茶制作技艺

葛公镇位于东至县东部，与祁门县、石台县的山脉相连，有一千多年茶叶制作历史。据《东至县志》记载："葛公、洪方茶叶久负盛名，特别是红茶的色、香、味俱佳，是祁红的发源地。"葛公红茶制作技艺精良，红茶品质高，一直是东至县重点产茶乡镇，历史上的"同春茶号"极为出名。

葛公红茶，按照季节可分为春茶和夏茶；按照制作工艺可分为毛茶和精茶；按照干湿温度可分为干茶和"大红袍"湿坯。制作工艺极为精细，从鲜叶采摘分级到萎凋、揉捻、发酵、干燥等操作，都具有鲜明的地方特色。

（二）绿茶制作技艺

皖南绿茶制作技艺主要包括黄山毛峰制作技艺、太平猴魁制作技艺、金山时雨制作技艺、松萝茶制作技艺、屯溪绿茶制作技艺、瑞草魁制作技艺、塔泉云雾制作技艺、涌溪火青制作技艺和石台雾里青绿茶制作技艺。皖南绿茶制作技艺无论是品类还是品质，都是其他地区难以比拟的，在中国制茶史上具有重要地位。

1. 黄山毛峰制作技艺

高山出名茶，黄山自古以来就是名优茶的生产基地。早在明清时期，此地就有僧人采制高山野茶的记录。据《徽州府志》载："黄山产茶始于宋之嘉祐，兴于明之隆庆。"山民逐渐手工制作了北源茶、紫霞茶、黄山云雾茶等历史名茶。

黄山毛峰制作技艺创制于清光绪元年（1875年），由徽州“谢裕大茶行”创始人谢正安创制，至今已有百余年的历史。因茶叶白毫披身，牙尖似峰，故名“毛峰”，是全国十大名茶之一，属绿茶。冲泡后，茶叶初时竖立悬浮于水中，继而徐徐下沉，芽挺叶嫩，嗅之鲜爽清新。汤色清澈，味鲜浓而不苦，回味甘爽，堪称极品。

后来，毛峰产地扩展至整个黄山南北麓，毛峰也改名为“黄山毛峰”。它超群的自然品质和精湛的手工制作工艺使其逐步成为烘青绿茶中的佼佼者。它的制作工艺对后期烘青类绿茶的研制产生了巨大的影响，也为徽州人独特的茶礼、茶仪、茶艺、茶会、茶德的形成打下了坚实的基础。

2. 太平猴魁制作技艺

太平猴魁创制于清末，此茶品质为尖茶的魁首，又因首创于太平县猴坑，故定名“太平猴魁”。

太平猴魁采摘之考究，标准之严格，在我国名茶中亦属魁首。清晨朦雾中上山采茶，雾退即收工，一般只采到上午十点。采茶拣尖要做到“四拣八不要”。制作工艺分采摘、拣尖、摊青、杀青、整形、烘干等工序，烘干又分子烘、老烘和打老火三个阶段。全部手工作业，投叶量极少，手势轻巧，还要适时调整火候，变换手法，使茶叶形成独特扁直状。太平猴魁色、香、味、形别具一格，每片茶叶都是两叶抱一芽，俗称“两刀一枪”。成茶扁平挺直、魁伟壮实、叶色苍绿匀润、叶脉绿中隐红，俗称“红丝线”，泡之，汤色嫩绿明澈，叶底黄绿匀亮，芽叶成朵肥壮。品饮时能领略到“头泡香高，二泡味浓，三泡四泡幽香犹存”[①]。

3. 金山时雨制作技艺

绩溪县自古产茶，茶园分布广泛。1850年，创于上海的汪裕泰号将产自绩溪县上庄镇上金山的茶，定名为“金山时雨”。其因品质上乘，随即畅销海内外。

金山时雨外形优美，制作技艺独特，采摘时间一般在三月下旬至四月

① 安徽省非物质文化遗产小组编：《安徽非物质文化遗产保护手册》，安徽教育出版社2013年版，第79—80页。

中下旬，采摘标准为一芽二叶初展，当地俗话称之为“鹰嘴甲”。每千克约两千个芽头。制作工艺流程分杀青、揉捻、炒头坯、复揉、炒二坯、摊放、掰老锅（整形）、拣剔等工序，全程约6个小时。具有“外形紧结匀整、形似发髻、油润显毫，花香高长持久，汤色清澈明亮，滋味鲜醇爽回甘，叶底嫩黄匀亮”等品质特征。

4.松萝茶制作技艺

松萝茶被誉为“绿色金子”，是历史上的名茶，产于安徽省休宁县万安镇福寺村的松萝山。松萝茶的采制十分考究，据《歙县志》载：“旧志载明隆庆间，僧大方住休之松萝山，制法精妙，郡邑师其法，因称茶曰松萝。”明代闻龙《茶笺》记载，茶初摘时，须拣去枝梗老叶，唯取嫩叶，又须去尖与柄，恐其易焦，此松萝法也。松萝茶炒时须一人从旁扇之，以祛热气，否则黄色，香味俱减。炒起出铛时，置大瓷盘中，仍须急扇，令热气稍退，以手重揉之，再散入铛，文火炒干。盖揉则其津上浮，点时香味易出。

松萝绿茶鲜叶采摘标准极其严格，一般在谷雨前后开园。成品松萝茶条索紧卷、匀壮，白毫显露，色泽银绿光滑，滋味浓厚带苦，有橄榄果清香，冲泡后香气四溢，沁人心脾，有色绿、香高、味浓的特点。

5.屯溪绿茶制作技艺

有“绿色黄金”之誉的屯溪绿茶，以“叶绿、汤清、香醇、味厚”闻名天下。清中后期，因为休宁、歙县、婺源等地茶商大都集中在屯溪开设茶号，毛茶都集中在屯溪精制，由新安江运往上海，再销往其他地区，故称“屯溪绿茶”，简称“屯绿”。

屯溪绿茶制作有37道工序，几百种变化，须经14天方可制成，茶工们必须掌握“好茶粗做，粗茶细做”的原则，配置好紧门筛（取料规格的号头筛），才能做到“不屈料、不走料”。屯溪绿茶制作技艺是中国传统手工技艺的典型代表，现代技术难以代替。

6.瑞草魁制作技艺

瑞草魁制作技艺起源于地方野茶“鸦山阳坡横纹茶”，今郎溪县姚村是鸦山阳坡横纹茶的主产区，制茶技艺在此地世代相传。

瑞草魁需于清明至谷雨间开采，一般上午采摘，及时送回家摊放，摊放时则要注意散热均匀，不能让鲜叶发热变红。其摊放6个小时左右即可制作，制作步骤分为杀青、理条做形、烘焙。杀青需要高温，杀青时间要快速，杀青方法有“透闷结合，多透少闷”“嫩叶老杀、老叶嫩杀”等，翻炒要求干净利索。炒制分为三个阶段，手法分别是“抓、抖、撒”“抖、带、甩”和“拢、带、甩”等。理条做形的手法为“拢、带、撒、磨、滚”。烘焙主要分为头烘和二烘，头烘至茶叶刺手，即可摊凉，挑拣次品，二烘用低温慢慢烘干，至茶香四溢，制出的茶品外形芽叶相连舒展。鲜叶历经多道工序后，还基本保持着在茶树上生长的自然状态，冲泡后，茶叶在杯中正立，状若一朵朵盛开的兰花。

7.塔泉云雾制作技艺

据史料记载，宣州种茶历史已有一千多年，早在两晋时期，茶叶已经享誉全国了。据《宣城县志》记载，塔泉云雾又称“高峰云雾”，是历史上的地方名茶，明清时盛极一时。

今宣城市宣州区溪口镇是塔泉云雾茶原产地，当地民众世代事茶，长期的茶事交流活动，生产、生活积累，形成了独特的茶文化。塔泉云雾茶素以色翠、形美、香高、味爽、耐泡而扬名，以其独特的外形和优异的品质传承至今。塔泉云雾制作工艺有以下工序：鲜叶采摘、摊放、杀青、揉捻（做形）、初烘、摊凉、复烘、干茶拣剔、分级包装。制作1斤干茶，制茶师傅要连续工作6个小时以上。特别是做形工序，传统的做法是手工轻揉，既要形成要求的特殊外形，又要保持色泽，因而做形手势、轻重和熟练度都会影响茶叶品质的形成。

8.涌溪火青制作技艺

涌溪火青绿茶历史悠久，距今已有数百年历史，是全国十大名茶之一，曾为历朝之贡茶。涌溪火青绿茶属珠茶，产于安徽省宣城市泾县城东涌溪山的枫坑、盘坑、石井坑湾头山一带。其采摘期一般自清明到谷雨，采摘要求“两叶一心，身大八分，枝枝齐整，朵朵匀净”。涌溪火青制造分杀青、揉捻、炒头坯、复揉、炒二坯、摊放、掰老锅、分筛等工序，全程约20个小时。涌溪火青制作技艺为手工操作，鲜叶经拣剔摊放以不超过6个小时为佳，要求当天鲜叶当天制完。

9.石台雾里青绿茶制作技艺

石台雾里青茶园位于海拔千米的高山云雾之中，常年被云雾笼罩，所以当地人称此茶为“雾里青”。据《文献通考》记载，宋时，全国名茶37个品目，其中“嫩蕊”即为当地人所称的雾里青。南宋大诗人陆游，明代文学家、书画家徐渭在其著作中都有关于雾里青的相关记载。可见，石台雾里青绿茶制作技艺至今已有上千年历史。

石台雾里青制作技艺十分考究，选用高山云雾之中的野生茶叶，按照抖、带、挤、甩、挺、拓、扣、抓、压、磨等传统手工技艺，经过37道工序，精心制作而成。做好成型的雾里青，还要进行手工分捡，只留一个青翠多毫的嫩芽。雾里青全芽肥嫩，茸毫披露，嫩香持久，冲泡后滋味鲜醇，汤色浅黄明亮，一粒粒饱满的茶芽竖立杯中，上下浮动。

（三）花茶制作技艺

皖南花茶制作技艺指的是在茶叶制作过程中加入鲜花或单纯将鲜花烘焙制成相关饮品的技艺。主要包括珠兰花茶制作技艺和徽州贡菊制作技艺。

1.珠兰花茶制作技艺

珠兰花茶产于安徽省歙县，是一种传统名茶，早在明代时就有生产。其以烘青绿茶和珠兰鲜花为原料，是中国主要花茶之一。

珠兰花茶采用的是窨制技术，其分为两个阶段：一为制茶坯，即将毛峰、大方等毛茶原料，经烘焙、筛切、风选、拣剔、匀堆等工序，分级分批，按标准样精制成各等级青茶坯。二为窨花，即将精制素茶窨以珠兰鲜花，使原料茶吸收花香，经一次或多次窨花之后，便制成了珠兰花茶。具体是通过茶胚处理、鲜花维护、茶胚复火、通花散热、带花复火等一系列程序制成。

珠兰花茶的特点主要是清香幽雅、鲜纯爽口、外形条匀齐、色泽深绿光润，冲泡后整朵花成串，汤色黄绿清明，芽叶肥壮柔软。

2.徽州贡菊制作技艺

徽州贡菊焙工精良，色白蒂绿，花大芯小，匀称整齐，清光绪间被擢升为贡品。其具有疏风散热、养肝明目、清凉解毒等功效，适用于风热头痛、目赤喉炎等症。菊花采摘要在晴天露水干后进行，并要做到随摘随摊晾，杜绝焖花。烘干温度先高后低，烘干过程中菊花要勤翻、轻翻，防止焖花氧化变红。

（四）其他茶叶制作技艺

皖南地区物产丰富、人杰地灵，茶叶制作技艺除红茶制作技艺、绿茶制作技艺和花茶制作技艺外，还有安茶制作技艺、黟县石墨茶制作技艺、顶谷大方制作技艺等。这些制茶技艺在古代为当地人创造了经济收益，当代仍不失其传承价值。

1.安茶制作技艺

安茶为中国历史上的传统工艺名茶，创于清雍正年间，内销两广，外销东南亚，是介于红茶、绿茶之间半发酵的紧压茶，民间又称“软枝茶”，在全国乃至全球“一枝独秀”。

安茶选料精细，工艺独特，制作讲究，品质优良。采摘的新茶萎凋后，稍加揉捻，经九蒸九晒九露后压紧，然后再用箬叶、小竹篓包装，放入烘橱内烘干，茶叶便凝结成椭圆形块状。其外形壮实匀齐，色泽黑褐油润，有槟榔、箬叶香味，且越醇越香。冲泡后，汤色澄明，清爽醇厚，味道带甜。

2.黟县石墨茶制作技艺

黟县石墨茶是古徽州地方传统名茶，至今已有百年历史，因产于黟县石墨岭而得名。据清同治年间《黟县三志》载：“茶，六都石墨岭产者最佳，茗家谓之石墨茶。”其因重如石、色如墨、香高味浓而得名石墨茶。

生产石墨茶的鲜叶于每年清明谷雨之间采摘，形状以“一芽二叶”为主，通过手工摊放、杀青、揉捻、初烘、炒头坯、摊放筛分、炒二坯、烘干等工序，加工成具有近似颗粒状、重实若石、色泽墨绿如墨、香气浓郁持久、滋味浓厚、汤色清澈明亮等特征的茶叶。

黟县石墨茶作为颗粒状茶，相对于传统的条索状茶，具有外形漂亮、冲泡沉底、耐储藏、易包装、运输成本低等多方面的优点。

3.顶谷大方制作技艺

顶谷大方产于安徽省歙县老竹岭一带，历史悠久，大方茶的历史可追溯到五代十国时期。据《旧五代史》载，乾化元年（911年）十二月，两浙进贡大方茶两万斤。据《歙县志》载，明代，飞布山上庵寺住持僧大方，曾在歙县老竹岭创制大方茶，故大方茶又称“老竹大方”，“顶谷大方”则是大方茶中的极品①。

制作顶谷大方的鲜叶在谷雨前采摘，采摘标准一般为一芽二、三叶，制茶工艺有杀青、揉捻、做坯、拷扁、辉锅等工序。其外形扁平匀齐，挺秀光滑，翠绿微黄，色泽稍暗。冲泡后，汤色清澈微黄，香气高长，有板栗香，滋味醇厚爽口。

第三节　皖南传统饮食制作技艺的保护与传承

目前，虽然皖南多个传统饮食制作技艺被列入国家级、省级非物质文化遗产名录，但这并不意味着其得到真正的保护和传承，当代皖南传统饮食制作技艺的保护和传承仍面临困境，创新其传承路径迫在眉睫。

一、皖南传统饮食制作技艺类非物质文化遗产的保护现状

皖南传统饮食制作技艺越来越受到社会各界的重视，其中很多项目被列入国家级、省级非物质文化遗产名录，具体如下：

① 胡建斌，方卫星：《徽州技艺·歙县卷》，合肥工业大学出版社2014年版，第44页。

（一）国家级非物质文化遗产项目立项

截至2021年8月，安徽省登记在册的国家级传统饮食制作技艺类非物质文化遗产项目共6项，皖南地区为3项，占半数。详见表2-1。

表2-1　皖南传统饮食制作技艺类国家级非物质文化遗产项目

城市	项目名称
黄山市	红茶制作技艺（祁门红茶制作技艺）
	绿茶制作技艺（黄山毛峰）
	绿茶制作技艺（太平猴魁）

（二）省级非物质文化遗产项目立项

截至2021年8月，安徽省登记在册的省级传统饮食制作技艺类非物质文化遗产项目共73项，皖南地区为44项，占大多数。详见表2-2。

表2-2　皖南传统饮食制作技艺类省级非物质文化遗产项目

类别	城市	项目名称
皖南传统食品制作技艺	铜陵市	铜陵白姜制作技艺
	马鞍山市	采石矶茶干制作技艺
	池州市	皖南木榨油技艺（石台木榨油）
	芜湖市	耿福兴传统小吃制作技艺
		四季春传统小吃制作技艺
		丫山藕糖制作技艺
		皖南木榨油技艺（芜湖木榨油）
	宣城市	水东蜜枣制作技艺
		皖南木榨油技艺（宣城木榨油）
		琴鱼干制作技艺
		正兴隆酱菜制作技艺

续 表

类别	城市	项目名称
皖南传统食品制作技艺	宣城市	姚村闷酱制作技艺
		绩溪挞粿制作技艺
	黄山市	徽州顶市酥制作技艺
		徽州烧饼制作技艺
		皖南火腿腌制技艺(汤口火腿腌制技艺)
		观音豆腐制作技艺
		皖南木榨油技艺(歙县木榨油)
		皖南火腿腌制技艺(兰花火腿腌制技艺)
		皖南木榨油技艺(休宁木榨油)
		五城豆腐干制作技艺
		嵌字豆糖制作技艺
皖南传统酿酒技艺	马鞍山市	横望山米酒酿造技艺
	黄山市	五城米酒酿制技艺
	宣城市	宣酒纪氏古法酿造技艺
		红曲酒酿造技艺
		古南丰徽派本坊小缸酿造技艺
皖南传统制茶技艺	池州市	红茶制作技艺(池州润思)
		红茶制作技艺(葛公红茶制作技艺)
		石台雾里青绿茶制作技艺
	黄山市	绿茶制作技艺(黄山毛峰)
		绿茶制作技艺(太平猴魁)
		绿茶制作技艺(屯溪绿茶)
		祁门红茶制作技艺
		安茶制作技艺
		黄山贡菊(徽州贡菊)制作技艺

续　表

<table>
<tr><th>类别</th><th>城市</th><th>项目名称</th></tr>
<tr><td rowspan="8">皖南传统制茶技艺</td><td rowspan="4"></td><td>顶谷大方制作技艺</td></tr>
<tr><td>珠兰花茶制作技艺</td></tr>
<tr><td>黟县石墨茶制作技艺</td></tr>
<tr><td>绿茶制作技艺（松萝茶）</td></tr>
<tr><td rowspan="4">宣城市</td><td>绿茶制作技艺（瑞草魁）</td></tr>
<tr><td>绿茶制作技艺（塔泉云雾）</td></tr>
<tr><td>绿茶制作技艺（金山时雨）</td></tr>
<tr><td>绿茶制作技艺（涌溪火青）</td></tr>
</table>

二、皖南传统饮食制作技艺的传承困境

皖南传统饮食制作技艺虽有极高价值，在当代人生产生活中仍然发挥着作用，但由于各种原因，其传承面临着很多困境。

（一）追求精制，与市场需求相矛盾

随着社会的发展，市场结构发生了重大变革，民众物质生活水平提高，价值观、审美观均有所改变，更青睐快餐式产品。皖南传统饮食制作技艺为纯手工技艺，但现在多为机械化取代，传承濒危。如木榨油技艺，是借助木榨设备将油菜籽转换成食用油的纯手工技艺，每一道工序全靠人工来完成，技艺掌握以实践操作为主。虽然榨出来的油口感好，但木榨油产油量低、劳动强度大，当代已逐渐被机械榨油所取代。又如徽州观音豆腐是20世纪60年代前歙南山区农民普遍制作的纯天然绿色食品，既能当饭充饥也可做菜。但当地腐婢树不断减少，加之食品日益丰富，20世纪末开始，观音豆腐已极少制作，其技艺濒临失传。

（二）学艺艰难，短期内不能获得高收入

当代，由于社会急剧转型，部分皖南传统饮食制作技艺因经济效益低，传承出现断层，正濒临失传。虽然政府层面的非物质文化遗产保护呼声高、动作大，仍不能从根本上解决传承人缺失、断代的危机。如宣城木榨油技艺有16道工序百余个流程，每道工序、每个流程都靠师徒口传身授，心领神会。这种传统的木榨榨油方法最少需要5个人一起合作，劳动强度非常大，每一道工序都依靠特定的技艺由人工操作完成。又如涌溪火青制作技艺，虽然生产工艺考究，手工技术精湛，但工艺复杂、劳动强度大，需要长时间积累经验，工作辛苦且收入不高。而当代年轻人，可选择的就业机会多，且多为相对轻松和收益较高的工作，很少有人愿意承受诸如木榨油制作技艺等的高强度工作。

三、皖南传统饮食制作技艺的当代传承

要实现皖南传统饮食制作技艺的当代传承，需要众力合作、众志成城，从激发非物质文化遗产传承人的创新意识、助力皖南传统饮食制作技艺的产业融合、拓宽皖南传统饮食制作技艺的传承渠道等方面着手，将传承工作落到实处。

（一）激发非物质文化遗产传承人的创新意识

以创新为导向，变革皖南传统饮食技艺的设计理念。创新是万物发展的灵魂所在，正因为能够适时而变、不断创新，皖南传统饮食制作技艺方能传承至今。当代社会，部分皖南传统饮食制作技艺虽暂时失去了赖以生存的土壤，但其所蕴含的工匠精神却作为文化基因经久不衰。如徽州观音豆腐，在食品匮乏期，的确因能填饱肚子而在徽州地区广为流行。但在物资丰饶的今天，这种味道刺鼻、微带涩味的食品，即使有养生功效，还是被一些当地人抛弃了。如借助现代科技手段，在观音豆腐制作

过程中加入其他香甜的植物萃取物，使其具有极佳的口感，必然能广受当地人青睐，还有可能打开市场，不失当代传承。又如，随着白酒业的逐渐兴起，传统的古南丰徽派本坊小缸酿造技艺面临着极大的挑战和渐衰的濒危状态。同样，非物质文化遗产传承人如改变原本的小酒坊作业，学习诸如江小白等的小资风格，重塑自己的品牌，非常有可能让非物质文化遗产活起来，实现真正的传承。

（二）助力皖南传统饮食制作技艺的产业融合

皖南传统饮食制作技艺融古皖南民众物质、精神生活于一体，是皖南文化的骨血，也蕴含着江南传统地域文化特质，是当地农业文化、手工业文化的浓缩反映，能时刻激发当地民众的乡土优越感和传承自豪感。因此，结合自身文化资源优势，将皖南传统饮食制作技艺与其他产业融合，不失为其保护和传承的一种手段。如前面提到的皖南木榨油技艺，可以借助皖南旅游尤其是古徽州旅游，采取“皖南木榨油技艺+文化创意”模式，在一些人流量较多的博物馆或其他热门旅游景点，借助VR技术，先呈现木榨器具所用的结实耐用、醇香怡人的香樟、檀木，清澈透明、甘甜醇和的当地水源等，再以生动活泼的形式呈现皖南木榨油的制作工艺：由油鼓、鼓搭等大主件到托盘、钩听等附件再到竹环、蒸籽锅等配件，之后呈现榨油过程：选料、车籽、炒籽等工序，同时伴有打油号子、牛拉碾子、铿锵的油锤声和浓郁的油香。通过与旅游业、VR技术有效融合，让游客有如身临其境，真正了解这种原生态、健康营养的食用油。在此基础上更加注重生产高质量的木榨油，即使相对价格较高，也会受到很多顾客的青睐。产品有了出路，就不愁传承问题了。又如涌溪火青制作技艺亦因工作辛苦且收入不高而后继人才匮乏。如结合旅游业，借助当代体验经济，引导旅客现场参与涌溪火青的采摘、茶叶制作过程，并征询旅客意见，使游客切身感受涌溪火青制作技艺的独特魅力，唤起内心深处的记忆和触感。在此基础上打开市场、打破传承僵局。

（三）拓宽皖南传统饮食制作技艺的传承渠道

依托校企合作平台。后继乏人，甚至人亡艺绝，是部分皖南传统饮食制作技艺传承面临的最大难题。因此，应着重发挥地方高职院校尤其是食品类专业在校企合作方面的优势。依托校企合作平台，创新人才培育模式，开设皖南传统饮食制作技艺相关课程，邀请技艺传承人登台授课，将皖南传统饮食制作技艺人的工匠精神深深嵌入高职学生的灵魂。最终达到皖南传统饮食制作技艺得以创新传承、高职院校实现特色办学的双赢局面。

同时，可以创建皖南传统饮食制作技艺亲子互动项目。像观音豆腐、徽州顶市酥、徽州烧饼、嵌字豆糖、绩溪挞粿等食品制作技艺，或因需求量大而粗制滥造，或因不为人所知而处境艰难，那么传承人可以以入股的方式与当地知名糕点店合作，向市场推出质优品正的产品。1992 年徽州烧饼胡氏传人胡国训恢复祖传技业，成立黄山市超港食品有限公司，并重振“胡兴堂”百年店号，其目的就是使徽州传统特色民间小吃制作技艺得以完整保护和传承。因此，当地的食品公司可以与亲子烘焙机构合作，吸引顾客以家庭为单位共同制作顶市酥、嵌字豆糖、丫山藕糖、水东蜜枣等皖南非物质文化遗产食品，在传承技艺的同时增进亲子感情、促进社会和谐。像金山时雨制作技艺、塔泉云雾制作技艺、涌溪火青制作技艺、瑞草魁制作技艺、顶谷大方制作技艺、安茶制作技艺等，传承人或当地政府相关部门，可以增设相关制茶设备，与茶艺培训机构合作，由家长负责制茶、泡茶等，少儿在一旁协助。活动过程中可增加互动环节，使孩子在接受茶艺培训的过程中了解相关技艺，进而推动皖南传统饮食制作技艺的创新传承。

第三章　住——皖南传统建筑技艺

论传统建筑技艺，皖南地区以古徽州传统建筑最为著名。由于地缘因素和徽商的影响，皖南其他地区的民居建筑也受到了徽派传统民居建筑技艺的影响。因此，本章所研究的皖南传统建筑技艺以古徽州传统建筑营造技艺为主。

第一节　皖南传统建筑技艺概述

皖南传统建筑技艺在中国建筑史上占有重要地位，既具有人文性、装饰性和表征性等特征，又具有历史考察价值、生态借鉴价值和经济盈利价值。

一、皖南传统建筑技艺相关概念

（一）建筑文化[①]

建筑文化是以建筑为载体，以人文精神为主导，综合建筑思想、建筑观念、建筑意识、建筑意念、建筑情感、建筑思潮等相应的文化要素，通过技术手段和艺术方法所形成的能给人以意境想象和教化成果的物体化的文化形态。建筑文化的基本属性主要包括四个方面：

① 此部分内容参见徐公芳：《中西建筑文化》，科学出版社2014年版，第1—29页。

1. 文化性

建筑是文化的载体，而文化是建筑的灵魂。一个民族的文明与社会形态往往会反映在那个时代最重要的建筑之上。如长城、故宫与徽派建筑等。

2. 艺术性

建筑文化的艺术性主要通过建筑的外在形式和内部空间表现出来，是空间美、环境美、造型美、符号美、装饰美的综合，体现的是一种“意境美”。如太和殿的“庄重”、凯旋门的“壮观”、宏村的“淡雅”等。

3. 文学性

建筑与文学有着不同的表现形式，但从美学的角度来看，两者又遵循着共同的审美规律。文学中描写建筑，建筑中产生文学。例如中国早期诗集中就有不少对建筑描绘的诗歌。“天下伤心处，劳劳送客亭”（李白《劳劳亭》）；“惟有此亭无一物，坐观万景得天全”（苏轼《和文与可洋川园池三十首·涵虚亭》）；等等。

4. 社会性

建筑文化的社会性主要通过建筑的时代性、民族性、地域性等方面表现出来。以民居来说，华北地区有四合院，广西有苗寨，内蒙古草原有蒙古包，徽派建筑有祠堂。威尼斯因被亚得里亚海所环绕，所以称为“水城”。平坦河谷因底架高于地面，致使干栏式建筑兴建。因此，建筑文化体现着一个民族的人文思想、风俗习惯等，是民族文化的血脉。

（二）传统建筑文化

建筑是人类几千年物质文化生活的结晶，是某一特定时期、特定文化在建筑方面的反映，是文化的一种外在表现形式和物质载体，包含着传统代建筑文化与现代建筑文化。

“传统建筑文化往往有着比较浓郁的民族特色，是在一个国家漫长发展过程中人们对于建筑的理解，融合人们对审美的认识，以传统建筑的发展为基础，以传统建筑作为载体，所承载的跨越时代却又彰显时代特性的文化属性和因子。”[①]传统建筑文化与一个国家、一个民族、一个地区的传统建筑密切相关，传统建筑是传统建筑文化形成和发展的重要物质载体。

中国古代常以“土木”“营造”等词表达“建筑”之意。作为历史悠久的文明古国，我国传统建筑除了具备因地制宜的实用性和众多的技巧性外，还承载着中华文化的诸多方面，体现着不同的古典意趣。可以说，我国的建筑，不仅是人化的自然，也是诗化的自然，其一砖一瓦皆浓缩了历史，一草一池皆包含着匠心。“传统建筑文化并不具有比较明确的时代属性和划分范畴，一般来说，古代留下来的传统建筑都代表着不同地区在不同时代的建筑文化，彰显着某个地区特定时期内的建筑特性，是一种具有比较鲜明的地域特色的传统文化的体现，而传统建筑则是传统建筑文化内涵的一种外在彰显。”[②]

（三）徽派建筑

明代中叶以后，随着徽州商帮的崛起，一批拥有数十万、上百万资本的富商大贾不断涌现。徽商的利润一部分用来购置土地，相当一部分都用于建房盖屋。他们除了在客居地大兴土木，建筑豪华的住宅、园林外，还在家乡兴建宅第，扩修祠堂以及书院学校。徽州号称“东南邹鲁”，文风颇盛，明清两代中进士者数百人，举人近千人，出现了大批官僚，有的成为朝中显贵。他们也纷纷在家乡建宅。无论是富商大贾还是高官显贵，他们为了光宗耀祖，炫耀乡里，在房屋结构、建筑装饰上，力求精巧，竞相奢华。加之徽州自晋以后，中原人大量迁入，带来的中原文化与当地文化相融合，盛产木材，雕刻、绘画历史悠久、技术精湛，人才济济，因而形成颇具地方特色的徽派建筑，被誉为中国建筑艺术的一大派系。

徽派建筑是徽文化的集中体现，徽派民居、祠堂、牌坊是徽派建筑的

① 马晨：《徽派传统建筑文化保护研究》，安徽工程大学2016年硕士学位论文，第10页。

② 马晨：《徽派传统建筑文化保护研究》，安徽工程大学2016年硕士学位论文，第10页。

精华体现，被誉为“徽州三绝”。徽派建筑造型丰富，由粉墙黛瓦、徽州三雕（木雕、砖雕、石雕）、马头墙以及亭台楼榭等构成。徽派建筑的特点主要体现在建筑装饰风格、结构、装饰题材与技术工艺等多个方面。①

明清时期，徽派建筑发展十分繁盛，建筑形式以及营造技艺都有极大的发展，奠定了徽派建筑在中国传统建筑中的重要地位。明代，“徽州地区的建筑体系与北方建筑体系有着明显的差异，如使用穿斗架，大型建筑使用月梁，大量使用插拱，而斗拱使用的数量减少”②。清代，徽州地区的建筑有了新发展，又因为深受徽商文化的影响，明显地表现出一种世俗化的趋向，主要体现了安享太平、吉祥安乐等思想。“在建筑装饰上则追求繁复华丽、精雕细琢的风格，园林设计上则讲究假山、水景、观景亭等景观元素使造园之风达到极盛。徽派建筑上的三雕艺术也是精华部分，其注重三雕艺术的装饰题材与装饰图纹的表现效果。”③

二、皖南传统建筑技艺的基本特征

以徽派传统建筑技艺为主的皖南传统建筑技艺，地域性明显，内涵丰富。其在实践上与多个文化领域相交融，在精神上注重“天人合一、万物和谐”，具有人文性、装饰性、艺术性等特征。

（一）人文性

皖南传统建筑技艺极具人文性，既重视建筑的耐用性、审美性、价值性，又将居住者的人文体验放在首要位置。

首先，皖南传统建筑技艺的人文性体现在徽州三雕（木雕、砖雕、石

① 吴知易:《徽派建筑体系中婺源古民居艺术符号及审美取向研究》,天津工业大学2015年硕士学位论文,第10页。

② 吴知易:《徽派建筑体系中婺源古民居艺术符号及审美取向研究》,天津工业大学2015年硕士学位论文,第8页。

③ 吴知易:《徽派建筑体系中婺源古民居艺术符号及审美取向研究》,天津工业大学2015年硕士学位论文,第8页。

雕）上。虽然受封建社会商人社会地位的影响，徽派建筑在外观上体现为白墙黛瓦，极其简洁朴素，但在装饰上却下尽了功夫，这主要体现在雕刻上。木雕方面：徽州建房习用穿斗式[①]，房梁是穿入柱子，以水平方式扣入。但十字架形式的相连，还有一些缺憾。雀替[②]正好弥补了这种缺憾，形似三角的雀替穿梭于梁、柱之间，兼有支撑和装饰之效，既体现了技艺的精湛，又含有文化的气韵。砖雕方面：徽州砖雕原料以水磨青砖为主，雕刻形式有平面雕、浅浮雕等，雕刻方式极其精致。如徽州潜口民居门楼上有生动的花草树木、祥云瑞兽，观之令人心情愉悦，不由自主地放慢脚步，体会安逸的生活。石雕方面：石雕主要用在房屋的廊柱、门墙上，坚硬的材料不能阻止石雕艺人技能的展现，浮雕和圆雕艺术的结合更显技艺的精湛。徽州三雕技艺材料不同，雕刻技法则不同，但都是人与自然融合的重要体现。

其次，皖南传统建筑技艺的人文性体现在徽州传统居室营造中。如院内天井的设计，除受风水文化影响外，更多的是考虑到居住者的使用需求、审美需求等。天井兼具采光、排水、净化空气之功能，能满足房屋主人“养气”“聚财”之心理。用借景的方式，使居住者晨沐朝霞、夜观星辰，体会不一样的空间美感。

最后，皖南传统建筑技艺的人文性体现在徽州墙头壁画方面。徽州墙头壁画在古民居上的运用也很广泛，徽州古民居的门楼、屋檐下、窗檐上下，都有墙头壁画的身影，起到了很好的装饰作用。墙头壁画与一般壁画很明显的区别，墙头壁画“是以一个墙面上多幅壁画为一体，以儒家思想和喜庆祝福为主要内容，以工笔写意为技法，以美化徽州民居外墙壁为目的的一种墙面壁画”[③]。徽州墙头壁画除装饰功能外，也侧面呈现了徽州古居民的日常生活和人文追求。

---

① 穿斗式，又称立贴式。由柱、檩、穿、挑四大类基本构件组成，用穿枋把柱子串联起来，形成一榀榀的房架，檩条直接搁置在柱子上，在沿檩条方向，再用斗枋把柱子串联起来。

② 雀替，古代建筑特色构件之一，又称“插角”“托木”。

③ 肖巍，王晶：《外出写生》，合肥工业大学出版社2016年版，第20—21页。

（二）装饰性

徽州三雕、徽州墙头壁画等技艺与徽州传统建筑技艺的巧妙融合，使以徽州传统建筑技艺为主体的皖南传统建筑技艺更具装饰性。

首先，皖南传统建筑技艺的装饰性是当地人尤其是徽商的理念、精神追求。明中后期，徽州“贾人几遍天下”，为了回馈故里、光宗耀祖，徽商携大量财富返乡并在当地兴建民居。但中国古代等级森严，士农工商划分严格。徽商虽富甲一方，但要想通过建筑将财力体现出来并不容易。于是，徽商把着眼点转移到建筑物外部装饰的彰显上。从徽派传统建筑的各个部分均可以看到各类装饰物。譬如庭院的装饰，习惯使用有吉祥寓意的图案，以表达徽商对吉祥如意的追求。木雕雕琢精巧，图案涉及极广，包括日月星辰、花草树木、飞鸟走兽、几何图形、著名人物等。砖雕则以人物、八宝和博古为题材，形态逼真。石雕则以麒麟、猛虎、雄狮为主题，刻画栩栩如生，尽显浑厚之风。这些装饰体现了皖南传统建筑技艺与民众生活的密切相关性，侧面反映了皖南民众对美好生活的向往和对审美的追求。

同时，以徽商为代表的皖南商人历来崇文好儒，尤其重视子弟的教育，这些理念在建筑物的装饰上也多有体现。如徽派民居室内布置，通常客厅正墙（太师壁）上悬匾额，下挂中堂字画，两侧中柱贴挂楹联。如西递村“履福堂”厅堂题为“几百年人家无非积善，第一等好事只是读书”，“笃敬堂”中楹联为“读书好营商好效好便好，创业难守业难知难不难”，厅内靠正墙陈设着长条木案，案中放自鸣钟一座，东边放一花瓶，西边摆一古镜，寓意为“终身平静（钟声瓶镜）”。徽商由于长期在外奔波，故里亲人百般牵挂，他们以此祈祷外出的家人平静经商、终身平安。而那些经营成功、回到家乡颐养天年的徽商，也希望从此过上平静的生活。

（三）表征性

以徽州传统建筑技艺为主体的皖南传统建筑技艺，诸如天井、三雕等各个组成部分，都有表意、象征的特性。

首先，天井的设计，表面上看来具有实用性，但其表征性特征更为明显。天井的特殊位置，使屋顶坡面的雨水从四面流入，象征“四水归堂”“肥水不流外人田”之意。天井中常规摆设一水缸，有“聚宝盆”之寓意，体现了民众对“财源滚滚”的祈求。

其次，徽州砖雕亦有“写意”之功能，托物言志、言此喻彼，将砖雕上的画面与隐藏的意蕴融为一体。如一些山水画题材的砖雕，或是将景物与人进行构图、或是一些亭台楼阁、或是灵活多变的花鸟动物造型，有时还会把某物比作一些富有寓意的物件，如“封（蜂）侯（猴）将相（象）”，其构图似精美的山水画，情景交融，并注重物与物之间的呼应与联系，体现了诗情画意之美[1]。

最后，皖南地区山多地少，民众生活压力大，在儒家文化的滋养下，民众把“学而优则仕”作为人生最佳之途。徽州木雕中存在大量金榜题名的作品，如“五子登科”“状元及第”等，是徽州人“万般皆下品，唯有读书高”观念的表征。“贾而好儒”的徽商为徽州教育的发展提供了牢固的经济基础，再加上诸如徽州三雕所体现的教化作用，使得徽州成为古代教育最为发达的地区之一。尤其是明清时期，徽州地区书院林立、文风鼎盛，甚至产生了有19名文武状元的“状元第一县——休宁县”，文化氛围十分浓厚[2]。

---

① 姜尔佳，陆峰：《徽州砖雕在古民居中的装饰艺术研究》，《重庆科技学院学报（社会科学版）》，2019年第4期，第90页。

② 谢媛，宣兴磊：《徽州木雕的艺术风格与文化内涵》，《盐城师范学院学报（人文社会科学版）》2016年第6期，第45页。

三、皖南传统建筑技艺的价值

徽派古民居群是皖南传统建筑技艺的代表，集自然美、人文美于一体，数量多，规模盛，风格独特，雕刻精美，深刻反映了古徽州的政治、经济、文化以及民众生活方式、精神理念。因此，徽派古民居群为史学研究提供了栩栩如生的资料，为艺术家提供了丰富的素材与灵感，更为广大旅游者提供了视觉大餐。具有历史考察价值、生态借鉴价值和经济盈利价值。

（一）历史考察价值

徽派传统建筑技艺作为皖南传统建筑技艺的主体，在中国古代建筑中亦独树一帜，历经数百年风风雨雨，至今仍保存完好。其见证了古徽州的沧桑变化、凝聚了生活百态，具有极高的历史价值。马头墙四面高筑，体现了古徽州人的内敛；建筑物内部每进厅堂皆有天井，通风采光、四水归堂，象征着财富汇集；室外饰以石雕砖刻，室内以木雕技艺雕梁画栋，表达了徽州民众对艺术美的追求。徽州传统建筑技艺，不仅完整地体现了徽州的悠久历史和深厚的文化、反映了徽商的发迹史和徽州民众的生活状况，而且体现了徽州传统建筑中天人合一的生态观、虚实相生的形态观和雅俗兼备的情态观，为徽文化研究提供了极其重要的资料。

（二）生态借鉴价值

皖南传统建筑技艺中的徽派传统居民建筑营造技艺崇尚“天人合一”，有深厚的生态学价值，对当代建筑仍有极强的借鉴意义。徽州村落与自然共生共存的生态价值体现在：背山面水，既能有效地减弱冬季寒风影响，又能引导夏季南风。在村落中挖池造湖既能储备充沛水源解决生活给水，又能防止洪涝灾害，开挖水圳引水入村能起到防火和改善村落环境。在水质处理上，徽州村落处理生活用水的方法十分环保，与生态相结合采取的是生物净化的方法，其具体手法是在水中种植莲藕来吸附污泥，并养育生物来吸食浮游生物，保留湿地净化水质、吸收有毒物质、降低生活污水排放和污染。水环境的营建在改善环境小气候方面有很多有利之处，首先水蒸发可带走热量，降低温度；其次水可增加空气湿度；最后，水还是很好的蓄热材料。在当代社会中借鉴和采用徽州传统村落的生态技术，可使建筑空间环境得到可持续发展①。

（三）经济盈利价值

皖南民居代表——徽州民居群，经过2000多年的发展演变，与天地、山川、河流、道路等融为一体，构造了山水画般的美丽景象。远观，民居星罗棋布、村落远近相望，四周高筑、错落有致的马头墙建筑群，沿着山势有曲有直，呈现出独特的美感。徽派民居建筑群在黑、白、灰三种颜色的层次变化中，显得尤为清新俊逸，似一幅天成的水墨山水画。近看，村落里街巷纵横交错，狭窄的巷道沿着青石板路千回百折，曲径通幽，给人一种安静祥和的美感。徽派民居墙外饰以精美的砖雕、石雕，图案多样且寓意丰富，高大的粉白墙宛若幕布。墙内别有一番风景，天井别有意趣，花草树木、假山鱼池精心布置，梁柱上精雕细琢，别有一番风情。徽州地区的西递、宏村等徽派民居群，已成为皖南旅游胜地，为当地带来了巨大的经济效益。

第二节　皖南传统建筑技艺种类

皖南传统建筑技艺历史悠久，最早可追溯到秦汉时流行的穿斗式建筑。宋朝时，中国传统建筑技艺已有明显改进，融穿斗式与抬梁式于一体。明代，中国传统建筑技艺形成了内设“天井”三间五架模式的建筑格局，并基本形成固定模式，皖南建筑传统技艺也基本趋于稳定，并按

① 黄娜:《生态文明时代传统徽派民居的现代演绎》,长安大学2010年硕士学位论文,第26页。

照师徒相授、口传手授的方式，代代相传。徽州工匠以铁、窑、砖、木、石五种匠人组成“徽州帮”，锯、凿、尺、刀、板、锤、铲等是他们工作时使用的各式工具。各工匠间分工精细，铁匠、窑匠为建造房屋提供建筑材料，砖匠、木匠、石匠相互配合，负责建造。砖匠施工程序主要包括拌制灰泥、砌筑、抹灰、地面施工、屋面铺砖、盖瓦等。木匠施工程序主要包括出山料、起工驾马、画墨接、排料、竖屋请梁、理柱等。石匠施工程序主要包括挖脚、采石、砌石基、制作安装细料等。徽州木雕、砖雕、石雕是皖南传统建筑装饰中的精华，彩画艺术也被很好地应用到建筑上面。

一、徽派传统民居建筑营造技艺

在中国传统建筑技艺中，皖南徽派传统民居建筑营造技艺独树一帜。四周高筑的马头墙，体现了徽州人的内敛。居室内每进厅堂上开天井，既有通风采光之作用，还有四水归堂、汇集财富之寓意。正门门头用石雕砖刻并饰以人物山水，室内梁柱亦有精美绝伦的雕刻，呈现了徽州人对美的追求。徽派传统民居建筑营造技艺深受新安山水滋养，既反映了古山越文化和中原文明相融合的过程，又见证了徽商纵横明清商海数百年的辉煌。徽派传统民居建筑营造技艺既是集自然美、艺术美于一体的建筑技艺，也是古徽州社会文化、历史艺术形态化的集中反映。

（一）徽派传统民居建筑营造技艺简介

一生痴绝处，无梦到徽州。古徽州的悠久历史和灿烂文化，给这片土地带来了个性鲜明、精雕细镂、丰富多样而又和谐融于山水之间的传统建筑，其中传统民居更是浓墨重彩的一笔。现在的徽州已不属于行政区划，而是作为一个文化圈的概念，徽派民居包括周边一些受徽文化影响较大的区域中具有典型徽州民居元素与风格的传统民居。[①]

① 杨乐:《传统徽派民居易地保护的得与失》,天津大学2011年硕士学位论文,第1页。

徽派传统民居建筑营造技艺承载了中华民族文明史，凝聚着中华民族建筑技艺的灵魂，寄托着无数中国人的梦想和情感，对人类文明意义非凡、影响深远，是中华文化的智慧结晶。青山绿水、粉墙黛瓦、雕梁画栋、四水归堂……徽州民居的美，一直为人们津津乐道。几千年的农业文明，孕育出徽州传统民居的过去和现在。在城镇化、信息化、数字化的今天，徽州传统民居依然不停地演绎着繁荣与衰败，守望与离弃，迷茫与无奈，还有傲慢与偏见①。

徽派传统民居建筑营造技艺风格统一且特点鲜明，文化底蕴绵长深厚。徽派传统民居建筑营造技艺是徽州当地人在不断的建筑实践中，逐步形成的以木材为主要建筑材料，以榫卯为木构件的主要结合方法，以模数制②为尺度设计和加工生产手段的建筑营造技术体系。徽派民居村落布局严谨周密，建筑格局紧凑精细，建筑装饰丰富多彩，营造技艺精湛高超。

徽派传统民居建筑营造技艺在今天仍有重要价值，在国内外均享有盛名。2008年，第二批国家级非物质文化遗产名录公布，徽派传统民居建筑营造技艺榜上有名。2009年，徽派传统民居建筑营造技艺又作为中国传统木结构营造技艺的子项目，被列入联合国教科文组织《人类非物质文化遗产代表作名录》。2009年，中国传统木结构营造技艺入选《人类口头和非物质文化遗产代表作》，徽派传统民居建筑营造技艺是其重要组成部分。

（二）徽派传统民居建筑营造技艺的历史渊源

首先，徽派传统民居建筑营造技艺是中原建筑文明与古山越建筑文化相融合的结晶。徽州地处皖南山区，与浙江、江西毗邻，黄山、齐云山盘亘其中，新安江、青弋江流经此地，既山清水秀、重岚叠翠，又地狭谷多、险阻天成。总而言之，徽州地区多山谷盆地且较为封闭。徽州地

① 陈伟煊:《徽派传统民居保护发展思考》,《安徽建筑》2016年第5期,第120页。

② 为实现设计的标准化而制定的一套基本规则。

区在汉魏前主要为山越人聚居地，区域文化相对落后。古山越人宅居形式以“干栏式”建筑为主，这种建筑干燥、通风、采光，能防山谷瘴疠之气，且安全性较高，与徽州地区的地理环境也相符。西晋“八王之乱”后，中原战乱不止。而徽州地区因山高谷深而兵戈少至，因此成为人们避乱栖息的天堂。“五胡乱华”后，东晋大批望族、缙绅名士为逃避战乱而南迁至此。中原人的大举南迁，不但增加了徽州地区的人口数量、改变了徽州地区的人口结构，而且还带来了中原地区先进的文化，中原地区先进的建筑文化就是其中之一。中原建筑文明与古山越建筑文化相融合，徽派传统民居建筑营造技艺初具雏形。早期徽州民居建筑以“楼上厅”为主要形式，楼上厅室宽敞，为人们日常活动休憩之处，保留了古山越人“干栏式”建筑形式。中原大族迁入后，中原“四合院”平房形式和当地“干栏式”楼居建筑形式有机结合，逐步演变成新型天井四合院楼居建筑形式。这种新型建筑形式的形成，进一步丰富了徽州地区建筑文化，也形成了徽派民居典型建筑形式“天井”的雏形①。

其次，徽派传统民居建筑营造技艺的形成与当地的自然历史环境息息相关。一方面，徽州地区山多地少，素有“八分半山一分水，半分农田和庄园”的说法。为了不侵占良田，徽州很多家族选择在坡地建造房屋。为了节约用地，户与户之间的间距很小，有的窄巷仅数尺宽。另一方面，徽州属亚热带季风气候，气候温暖湿润，地形多为丘陵。此区域盛产松柏、杉树、椿树等适宜作为建筑材料的木材，且有适合烧砖制瓦的各种石材及可作为烧制燃料的薪柴②。徽州人就地取材，以山间原料制成青砖黛瓦、廊木柱石，建造了“粉墙黛瓦马头墙”。徽州地区的建筑多为砖木结构，且房屋稠密，易发生火灾。因此，明朝弘治年间，徽州境内开始兴建马头墙，这种马头形状的高垣墙面防火效果极佳。之后，马头墙逐渐演变成具有防火、防盗、防风等实用功能的建筑装饰。更值得一提的

① 陈伟:《徽州乡土建筑和传统聚落的形成、发展与演变》,《华中建筑》2000年第3期,第126—127页。

② 刘俊:《气候与徽州民居》,合肥工业大学2007年硕士学位论文,第13页。

是，徽派民居外墙只在高处凿一个小窗，内部封闭性很强，这是因为徽州男人常年外出经商，留守的老弱妇孺需要防盗、防火，因而这种“高墙深院小窗”的建筑形状有很强的实用价值①。

再次，徽派传统民居建筑营造技艺是中国传统哲学中“天人合一”思想的具体体现，天井是其重要的特征。天井意为“观天之井”，它上指苍穹，下俯地面，与庭院渗透融合，沟通天、地、人三界，人立于天地之间，与自然融为一体，既可获“天人合一”之灵气，又可得“顶天立地”之自由。天井体现了古代徽州人敬畏上天，顺应自然，祈求与自然和谐并存的人生态度。②徽州古民居大多设有天井，天井是由北方四合院演变而成的厅堂前的方形露天空间。天井既能很好满足居民处理屋顶积水、通风、采光、集水消防等需求，又适应徽州险恶的山区环境，还能为居民提供观天休憩的场所。在徽州的地域文化观念中，水为财之源，聚水即聚财，天山之水通过天井源源不断流入院墙之内，当地人称“四水归明堂”，图财不外流的吉利。天井还反映了徽州人聚族而居、不染他姓的宗族观念。

最后，徽派传统民居建筑营造技艺的形成，徽商所起的作用非常大。徽派传统民居建筑营造技艺呈现的形式是以粉墙黛瓦马头墙、天井四合院楼居建筑为特色的传统民居。其形成过程地域特征明显，除历史、地理原因外，亦与人文环境有关。徽州地区保存完好的古民居，少数为荣归故里的朝廷退休官僚出资建造，多数为外出经商后衣锦还乡的富裕商人出资建造。徽州以“商贾之乡”著称，宋代，徽州人便喜外出经商。明成化、弘治年间，徽商在商界声名鹊起，并拥有一席之地，到了清代徽商更是一枝独秀。在自小受到的文化熏陶和宗族观念的驱使下，多数徽州人在商贾致富后更愿意选择回乡安度晚年。他们在外打拼多年，积累了巨额财富，归乡后想要改变家人的居住条件，满足自身光宗耀祖的

① 黄成林:《旅游文化》,安徽人民出版社2006年版,第104—105页。

② 侯曙芳,李道先:《徽派古民居建筑的地域文化特征》,《重庆建筑大学学报》2006年第6期,第25页。

心理需求，于是斥巨资聘能工巧匠精心打造居室，修建了精致美观的私宅，才有了今天的徽州古民居和徽派传统民居建筑营造技艺。

（三）徽派传统民居建筑营造技艺的文化渊源

五岳朝天、错落有致的马头墙，顺山势而建，曲直有度，呈现出独特的韵律之美。徽派传统民居建筑营造技艺经过两千多年的不断发展、演绎，逐渐形成了徽州白墙灰瓦、隐山藏水的古徽州民居聚落群。徽派民居数量多、规模大，雕刻技术精湛，匠心独具，呈现出三种不同形态的美，即自然美、艺术美、和谐美。与徽州渊源颇深的理学大师朱熹曾言："圣贤立言，本自平易，而平易之中，其旨无穷。"徽派民居在黑、白、灰这种淡雅的建筑色调的"平易"之中，通过层次变化组合，超群拔俗、其旨无穷，表达出道家思想、朱子理学之理念，形成了徽州人追求平淡、顺应自然的美学观念①。

首先，自然环境对徽派传统民居建筑营造技艺有直接影响。徽州地处黄山与齐云山之间，东临杭州，又与浙西的金、衢、严三州唇齿相依，徽州境内既有高山深谷，亦有盆地、平原，波流清澈，溪水回环，处处清荣峻茂，水秀山灵。众多文人墨客对她产生了念慕之情，有的游客甚至因爱这里的山水清澈，干脆定居于此。

由于徽州的山地丘陵地形，这里的溪流大部分向东流，这使得徽州与杭州的联系更加密切。钱塘江的北源新安江发源于徽州休宁县，南源衢江亦发源于徽州休宁县，某种意义上来说，休宁是真正的钱江源。

徽州地区的自然环境使得当地有了粉墙黛瓦的徽派传统民居建筑营造技艺风格，造就了徽派传统民居建筑营造技艺内敛、和谐的特征，体现了徽派传统建筑文化的精髓。

其次，儒家文化中的人文思想对徽派传统民居建筑营造技艺亦有显著影响。徽派传统民居建筑营造技艺非常重视人、自然、建筑之间的和谐，追求"和谐共生"的理念。如徽州地区地势崎岖不平、地貌多山谷，于

①杨乐：《传统徽派民居易地保护的得与失》，天津大学2011年硕士学位论文，第6页。

是在建筑规划上就采用天井、漏窗、楼阁等建筑手法，使空间上内外、上下相通，既满足了建筑与自然相和谐的理念，又实现了宜居舒适的目标。又如徽派传统民居建筑营造技艺对园林化意境的营造，使徽州居民生活在和谐的氛围之中，拥有舒适的居住环境，充分感受自然美，同时心灵也在一定程度上得到抚慰和净化。另外，就徽派传统民居整体建筑格局而言，多为一家人其乐融融地居住于大宅大院，侧面反映了徽州民众对儒家和谐思想的坚持和传承。

再次，徽派传统民居建筑营造技艺受到传统风水文化的影响。“风水又称堪舆，或称卜宅、相宅、图宅、青乌、青囊、形法、地理、阴阳、山水之术等。具体表现在住宅、坟墓、其他建筑、环境的选址和规划。”[①]徽州人很相信风水，朱熹所提倡的风水理论最受推崇，他认为，风水的灵魂为地气，地气充实，则风水佳，有“天人合一”的思想内涵。风水文化是徽派民居建筑的重要理论基础，对徽派民居建筑形态具有很大的引导作用。徽派古民居建筑在选址布局上，常以风水理论为依据。徽州传统建筑中的风水遗迹数不胜数，例如，天井居于中间，庭院与飞翘而起的檐角彰显了风水说中“天人合一”的境界。天井的作用是为了“养气”，是蓄藏之所、财源象征。徽州人视聚水如聚财，屋面之水也需“四水归明堂”，这也是徽州人“肥水不流外人田”的聚财意识的建筑外化[②]。又如徽派传统民居的屋顶、屋梁均雕有吉祥图案，反映了徽州人辟除邪祟、祈求平安的愿望。再如，受风水学“水为财源”观念的影响，徽州人对村落“水口”的选择亦受风水学中“水为财源”观念的影响。确定好水口位置后，会在水口处建造石塔、庙宇，表面上是为了镇住水口，实际是为了留住财气。

① 罗亚男:《由歙事闲谭谈徽州风水文化》,《山西建筑》2007年第22期,第30页。

② 黄成林:《旅游文化》,安徽人民出版社2006年版,第105—106页。

二、徽州三雕技艺

徽州三雕技艺即徽州流传的木雕、砖雕和石雕三种工艺，它们均为徽州建筑的装饰性雕刻，具有浓厚的地方文化色彩，是徽州民居建筑最突出的特色之一，在中国民居建筑上独树一帜。

（一）徽州三雕技艺简介

徽州古建筑以民居、官宅、宗祠、庙宇、廊桥、牌坊为主，无论是建筑部件还是家居设备都十分注重雕刻装饰。

1.徽州木雕技艺

徽州三雕中，以木雕的数量最多，内容最丰富。徽州木雕技艺主要呈现在民居的月梁[①]、额枋[②]、斗拱[③]等部位。同时，房内陈设的家具，如床、榻、椅、柜等也是精雕细琢，具有代表性的是窗子下方、天井四周的栏板、檐条，多采用浮雕，内容多为戏剧文学故事、四季花草、吉祥图案等。梁托、雀替、斗拱及月梁上，则多采用圆雕，内容多为人物、灵兽、蝙蝠等。整体布局严谨，设计精美，可谓是巧夺天工。

徽州木雕的雕刻程序主要有取料、放样、打粗坯、打中坯、打细坯、打磨、揩油上漆等，小斧头、硬木锤、凿、雕刀、钢丝锯等是其传统的雕刻工具。徽州木雕艺人技艺高超，他们雕刻的刀法不是一成不变的，而是根据不同的雕刻内容选择不同的刀法，如雕刻的内容为山、石、树木时，多采用刚劲有力的涩刀，刀锋浑厚，线条遒劲，给人一种苍劲古拙的感觉；当雕刻内容为人物、楼阁时，多选用轻捷的切刀，刀锋爽利，运转流畅，呈现出细腻明快、挺劲秀丽的美感。两种刀法的巧妙结合，使画面空间感更强、层次变化更丰富。西递的悴仁堂两旁厢房槛窗、窗

---

① 木构梁架的一种，将梁稍加弯曲，形如月亮，故称月梁。

② 也叫檐枋，是中国古代建筑中柱子上端联络与承重的水平构件。

③ 从枋上加的一层层探出成弓形的承重结构叫拱，拱与拱之间垫的方形木块叫头，合称斗拱。

花木雕可以说是徽州木雕的经典。

2. 徽州砖雕技艺

徽州砖雕主要运用于民居、寺庙、书院、祠堂等建筑物的门楼、门楣、屋顶、屋檐等处。质地细腻的水磨青砖是徽州砖雕的主要材料，雕刻程序包括修砖、放样、打坯、出细等，传统工具主要有木炭棒、凿、砖刨等。徽州砖雕的内容主要有人物、花鸟树木、吉祥图案等，如和合二仙、麒麟送子、龙凤呈祥等。徽州砖雕从不会一味地追求精巧，砖雕艺人在充分考虑保持建筑构件的坚固基础上，多采用浮雕和线雕的技法，刀法简练，主题突出，为了显示雕刻内容的真实感，从远景到近景一般有五六个层次，最多的甚至达到了九个层次，层层深入，层次分明，凹凸起伏，光影清晰、须眉皆具、情景交融，使得建筑物既具有美感，又能经受住风雨的洗礼和时间的考验。

3. 徽州石雕技艺

徽州石雕主要呈现于建筑物的外部，诸如粉墙上的漏明窗，天井、庭院的石桌、石凳，梁柱的柱石细部，栏板、大门的抱鼓石、石狮等。青黑色的黟县青石和褐色的茶园石是徽州石雕的主要材料。雕刻程序为石料加工、起稿、打荒、打糙等，传统工具有錾子、楔、扁錾、刻刀等。徽州石雕的雕刻内容与木雕、砖雕有很大的不同，很少有人物、山水，多为动植物、博古纹样和书法。其雕刻技法大致与木雕类似，以浮雕、圆雕、镂空雕为主。黟县西村的“桃源问津图”石雕是徽州石雕的代表性作品之一，石雕上山峦叠翠，悬崖巍峨，修竹束束，桃花点点，溪水潺潺，渔郎泛舟，寻胜问津，构思极为巧妙。

4. 徽州三雕技艺的特色

首先，徽州三雕技艺与绘画艺术有异，其以“刀”代笔，立意于一个“雕”字。因此，徽州三雕艺人在雕刻前对造型、构图方法、技巧以及视觉效果等需作全盘构思。徽州三雕艺人多数是世代相承，雕刻功底深厚，对雕刻模式烂熟于心。他们从大处着景角度出发，先确定好雕刻对象的位置、比例及主次关系，再考虑周全每一处应用技法，诸如对称、呼应、疏密、虚实、明暗、刚柔以及主体感、空间感、韵律感等技巧和形式美的规律均要有所权衡，真正做到胸有成竹。在此基础上分层次用刀法，把整体的构图化为简略而又不失细致入微的刻画。

其次，徽州三雕技艺与徽派建筑整体配合严密稳妥、相得益彰，其布局之工、结构之巧、装饰之美、营造之精、内涵之深，即使在今天看来，也令人叹为观止。无论是木雕、砖雕还是石雕，都将浮雕、圆雕、线雕等多种技法综合运用，从中能反映出徽州文化中其他门类如新安画派、徽派版画、徽派篆刻、徽州砚雕、墨模雕刻等对徽州建筑装饰雕刻技艺的影响。

（二）徽州三雕技艺的历史渊源

徽州三雕技艺布局之工、结构之巧、装饰之美、营造之精，体现了深厚的文化底蕴，艺术价值极高，是研究明清时期建筑学、民俗学和社会学的重要载体。徽州三雕技艺盛行于明清时期，无数徽州雕刻艺人凭借他们的勤劳智慧，在徽派建筑雕饰、日用家具雕刻、碑刻、版画、琢砚、墨模、金石雕刻等方面，创造了数不胜数的艺术瑰宝。徽州三雕技艺经过民间艺术家们的世代努力，以师徒相传的方式传承至今。

首先，由出版坊刻行业带动起来的徽派版画对徽州三雕技艺的产生有着直接影响。历史上，中原因西晋八王之乱、唐末安史之乱、南宋靖康之乱，人口大举南迁。徽州地区因地势险要、易守难攻，成为北方士族南迁的主要地区。南迁的北方士族带来的中原文化与徽州地区本土文化长期融合，逐步形成并发展为底蕴深厚的徽文化。徽州人十有九商，有“十户之村不废诵读”的习俗，这使得徽州地区被誉为“东南邹鲁”。宋代，徽州考中进士者634名，到了明代，考中进士者1298名，清代更甚，考中进士者1698名。此地也因此一直书写着“连科三殿撰，十里四翰林”“同胞双状元，一门两尚书”“一门四进士，六部四尚书”的佳话[①]。

徽州浓厚的学风推动了了当地刻书业的发展，并于明朝中期臻于成熟

① 吴玉红:《徽州“三雕”的成因及艺术特色》,《美术》2008年第10期,第106页。

并形成规模。明万历年间，徽州地区书坊林立，每个书坊刻工多为本宗族内人。这里以歙县虬村黄氏刻书坊为例，明正统年间到清道光年间，该刻书坊已写入方志等史册的著名刻工达400余人，这些数据不包括参与刻书的女工和其他未列入的刻工。源于刻书的徽派版画在版画艺术领域内也取得了丰硕的成果，产生了一批不朽的插图杰作，如《三国演义》《西厢记》《琵琶记》《牡丹亭》等。不少刻工达到了“刀头具眼，指节通灵”“细纹密镂，栩然如真”的程度。[①]徽派版画取得的成果促进了徽州三雕的发展。

其次，新安画派的兴起也对徽州三雕的发展产生了较大的影响。富甲一方的徽商尤喜收藏，因此，陪同晚年徽商衣锦还乡的除了巨额财富，还有大量书画名迹，它们促进了新安书画的发展。明末清初，文风昌盛的徽州崛起了一个独具风格的画派，即“新安画派”，渐江是其代表。明清时期，文献记载的徽州画家达800余人，加之寓居黄山的其他画家，如董其昌、石涛等，他们均对徽州书画业的发展起了积极的推动作用。这些活跃于明清画坛上的罕见的书画家群体，极大地促进了徽州三雕技艺水平的提升。

最后，明清时期执商界之牛耳的徽商为徽州三雕技艺的兴盛奠定了雄厚的经济基础。徽商萌生于东晋，成长于唐宋，明成化年间，因政府实行新盐法（即开中法），徽商因势利导，以重要身份角逐于商界，直到清道光年间逐渐衰落。

因徽商将大量的财富带回家乡，买田置产、修墓建祠，因此徽州地区建造了不计其数的牌坊、祠堂、民宅。但由于明清时期等级制度森严，住宅的营造规模受到严格限制，徽州商贾不敢越礼，加上徽州地区山多地少，建屋用地少的矛盾也十分突出，还深受宗族观念的影响，因此徽州居民一般聚族而居，房屋拥挤。因以上诸多原因，相对于房屋规模的大小，徽商建造宅院时更在乎建筑雕刻的精湛程度，希望住宅能够修建得典雅、华丽，以此彰显自己的财富，这为木雕、砖雕、石雕技艺发展

① 余宏理:《中国徽州木雕·人物集》,文化艺术出版社2000年版,第35页。

提供了更多的表达空间。

（三）徽州三雕技艺的文化渊源

徽州三雕技艺源于生活、用于生活，其深受传统儒家文化、传统符号文化、传统宗教文化、传统等级观念的影响。

首先，徽州三雕的题材受到传统儒家文化的深刻影响。祖先崇拜是中国古代的重要习俗之一，而祖先崇拜又以徽人为盛。明嘉靖十五年（1536年），明世宗采纳夏言的建议，“许民间皆得联宗立庙，于是祠堂遍天下”，自此，徽州地区宗族大建祠堂，祠堂建设达到高潮。据《婺源县志》记载，婺源县有“祭祀先灵的祠坛庙宇350所，承宗继祖的宗族祠堂615所。”[①]徽州地区宗法势力对民众生活的影响程度远甚于其他地区，如徽州现存的牌坊数量即占全国之首，亦达世界之最。仁、义、礼、智、信、忠、贞、节、孝、勇等传统道德观念已在徽州物化，一座座贞节牌坊、孝慈牌坊、恩荣牌坊是这些传统道德观念物化的象征。徽州三雕技艺诞生于此种文化氛围之中，并以各种通俗易懂的形式呈现传统儒学文化特征。如“忍让”“中庸”常在徽州三雕中呈现，一副展开的横卷轴或竖轴，上面写着“忍”字，一群人围坐观看，这源自典故“公艺百忍”。再如读书及第，徽州人历来重视读书，徽州不但是徽商故里，更是儒子之乡，其境内的休宁县被称为“状元县”。因此，徽州三雕很多都以读书及第为题材，诸如“寒窗苦读”“十八学士”“三进士”“五子登科”“三元”“一文武状元”“状元游街”等。

其次，徽州三雕技艺在一定程度上受到中国传统符号文化的影响。徽州地区历来对一些象征吉祥的形象都有约定俗成的符号表征，往往用借代、隐喻、暗喻、比拟等手法陈述当地民众对幸福家庭的期待、对富贵荣华的热衷。徽州三雕则是常以此类符号文化为其常用载体，如砖雕中常会雕刻常见的寿字纹寓意福寿绵长，牡丹寓意锦堂玉贵，蝙蝠则寓意福祉绵绵等。

---

① 婺源县志编纂委员会编：《婺源县志》，中国档案出版社1993年版，第509页。

再次，徽州三雕技艺还受到中国古代森严等级观念的深刻影响。徽州三雕中的木雕多呈现于室内家具装饰，砖雕、石雕多用于民居门楼、入口装饰等。但就其图案布局而言，木雕、砖雕、石雕三者均等级明确并形成完整体系。位于第一序列的是在兽类中级别最高的虚拟神兽——龙，在封建社会中象征皇权，龙寓意高贵的地位、绝对的权力，在徽州三雕作品中均位于最高或中间位置。第二序列为人物，多位于相对显眼的位置。而花、鸟、鱼、虫等则多位于边角等次要位置，起到装饰细节的效果。徽州三雕图案经过日积月累，在当地逐渐形成相对系统的雕刻谚语，虽等级明确但也接地气。如“若要人脸笑，眼角下弯嘴上翘；若要人带愁，嘴角下弯眉紧皱。”

最后，徽州三雕技艺亦受中国传统宗教文化的影响。东汉以来，佛、道、儒三教，在不同的时期发挥着不同的作用，均有一统天下的高光时刻。在激烈的教义竞争、争夺教民的过程中，佛、道、儒三教在不断发现彼此的共同点，吸收他教的优点，最终推动了三教融合。中国的宗教史实际上是一部“三教当世，儒教为先”史“三教当世，儒教为先”是徽州三雕技艺的文化宗旨，既体现儒教的主导地位，也表现了三教的融合。徽州三雕作品题材广泛、内容丰富且主题突出，主要内容为美好的祝福、期盼，佛教、道教经典故事占相当比例，代表性故事有“水月观音”“八仙过海”等。徽州三雕中最具三教融合代表性的作品是徽州西坑“俞家墓祠”的一处木雕，孔子、太上老君、释迦牟尼共处于同一雕刻作品中，既体现了民众对三教融合的接受程度，也巧妙、艺术地表达了中国古代宗教儒释道“三位一体”格局[①]。

三、皖南其他传统建筑技艺

皖南传统建筑技艺以徽派传统民居营造技艺、徽州三雕技艺最为著

① 张鑫：《“非遗”活态化展示设计研究——以“徽州三雕”展示实践为例》，中国美术学院2015年硕士学位论文，第36页。

名，另外，徽州古建砖瓦制作技艺、徽作家具制作技艺、徽派墙头画技艺、花砖制作技艺、徽州楹联匾额传统制作技艺等也是其重要组成部分。

（一）徽州古建砖瓦制作技艺

徽派建筑以黛瓦、粉壁、马头墙为表体，又以木雕、砖雕、石雕为特色，还以木、石、砖、瓦为材料。可见，徽州古建砖瓦制作技艺兼具极强的艺术价值、观赏价值和使用价值，是徽州建筑技艺群的重要组成部分，推动古徽州建筑业的发展。

徽州古建砖瓦制作，含四大工艺、数十道工序。四大工艺包括制坯泥、制泥坯 、烧窑、精加工等，其流程十分复杂。仅以烧窑为例，为了烧制出质量高的砖瓦，其对工人有极严要求。工人们既要实践经验丰富，能够根据坯性、窑性、气候性、燃料性等进行辨温、辨色、辨火、辨声、辨烟、辨灰、辨硝、辨气味，还要在烧窑过程中善于合理调适。

正得益于古徽州艺人对技术的高标准、严要求，当代徽州建筑砖瓦业在原有基础上有了更大发展，类型多种多样，质量精益求精。既有清水砖、方砖、条砖、金砖、万字砖、如意砖、雕刻用砖、书法用砖、定型刻字砖、异型砖等砖类产品，又有虎面瓦、花沿瓦、筒瓦、黄瓜环瓦、合沟瓦、青瓦等瓦类产品。同时，还演绎出各种动植物形状的瓦，极大地促进了徽州建筑技艺的发展。

（二）徽作家具制作技艺

家具一定程度上标志着人类社会不同发展阶段的生产力水平、物质文明水平，也反映了不同历史时期民众的社会生活方式。家具在中国历史颇为悠久，夏商时期即出现中国早期家具的雏形。春秋战国及两汉时期，因中原地区“席地而坐”之风，家具以造型低平稳重、简便实用为主要特征。唐宋时期，“席地而坐”逐渐为“垂足而坐”所取代，再加上社会的进步，民众开始追求房屋的高大宽阔，高足家具成为家具的主流。明清时期，中国古典家具制作技艺走向高光时刻，其式样虽简单质朴，但工艺水平极高，且实用性强，因其最早出现于明代，一般被称为明式家具。

明隆庆时期，政府短暂性地放松海禁，南洋大量硬木（当时被称为“压舱木”）进入明朝境内。以木业经营为主业之一的徽商群体适逢机缘，挖掘出南洋“压舱木”的独特之处，他们借助家乡民众间的宗族优势，将当地擅长“细木作”的能工巧匠引入富庶的江南地区，在此基础上制作出大量硬木家具，徽作家具应运而生。清代，徽作家具仍承袭了明式家具样式，直至乾隆朝，以徽商为代表的富商家族，将无处不雕、花纹繁缛的雕刻技艺作为其财力的象征，徽作家具制作技艺中的雕刻技艺日臻完美。乾隆后期，徽作家具物极必反，因过于繁杂的修饰，与当时社会简约流畅的主流背道而驰，反而逐渐被淘汰。

徽作家具制作工序十分复杂，制作技艺相当考究，主要分为五个步骤。其一，干燥处理：因新伐木料含水量较大，其水分在自然蒸发过程中，木材容易干缩、开裂、弯曲变形甚至霉变等。为保证徽作家具木材的高品质，工匠们在家具制作前就将切割好的木料放进专门的干燥处理室，再采取独特的除湿干燥方法，对木材进行干燥处理。值得注意的是，干燥处理后的木材，还需精挑细选，防止少数有虫蛀等缺陷的劣等材料混入下一工序。其二，榫卯技艺：榫卯技艺为徽作家具制作技艺的精髓，其依据家具精选图样，根据榫卯的粗细、紧密及力学平衡的科学性，在巧妙构思基础上，通过精确的榫卯技艺将家具的每个部分牢固地组合拼接。通过榫卯技艺制作的徽作家，扎实稳固且不易松弛，能长期保存。其三，雕刻工艺：每一件徽作家具，都少不了徽州工匠的精雕细琢。能工巧匠们通过凿、雕、修、刮、磨等精妙技艺，制作出各种寓意美好的图案，形象生动、构图鲜明、线条流畅，具有极高的审美价值和艺术气质。其四，打蜡：打蜡即对徽作家具表面进行修饰处理的一种技艺，既能完美地呈现原木流畅的自然纹理，又能为家具表面构造一层特殊的保护膜，极大程度地防御了时光、环境带来的侵蚀。其五，生漆工艺：生漆即人工取于天然漆树的汁液，其具有耐高温、耐水、耐强酸、耐强碱、防腐蚀、防潮绝缘等特性。徽作家具经由天然生漆反复擦拭，色泽鲜艳，经久耐用。

（三）徽派墙头画技艺

徽派墙头画是传统美术和传统技艺的完美综合，它极大地增强了徽派建筑的美学色彩。皖南传统建筑技艺的传承，徽派墙头画功不可没。

明清时期，徽派墙头画因其独特的作画原料、制作技艺及表达形式，被大量用来装饰、美化徽派建筑。皖南地区的宣城市绩溪县（原徽州府绩溪县）是徽派墙头画的发源地，又因为此地处于山区，历来极少受到战争侵扰，故部分村落仍保存着完好的原始形态。更难能可贵的是，绩溪县古民居外墙还完好保存着极为原生态的徽派墙头画，有“古民居建筑博物馆”之美誉。

徽派墙头画以古民居、庙宇墙头画最为典型，它既是徽派建筑的重要组成部分，也是徽州传统文化的重要载体，始终在徽派建筑中处于画龙点睛的地位，是皖南地方艺术的重要体现。同时，徽派墙头画一直受到中外艺术界、建筑界、文物界的重视，艺术欣赏价值、科学研究价值和历史文物价值极高。

（四）花砖制作技艺

花砖又名画砖、山水砖、脸谱砖，是皖南泾县茂林所特有的一种古建筑墙面装饰材料。花砖材料考究、制作技艺精细、烧制过程繁杂、品种多样、材质坚韧、质地细腻，能抗冰冻、风化且不易沾灰、开裂，构成墙体，无需粉刷，有极强的实用性。明清时期，泾县茂林当地民众就开始将花砖普遍运用于民宅的前檐墙、天井两侧及堂心对面的墙面等。花砖整体呈青灰色，形状分长、方两类，砖面图案清晰、花纹考究。花砖画面主要有人物、书法、山水、瓜果、花卉、草木、飞禽走兽、水纹罗裙等样式，其构成的墙面，可以说是古典山水画的韵味和现代抽象派艺术的气质兼存。

茂林地区与古徽州为近邻，亦有浓厚的文化氛围，明清两朝，此地因科考录取者众多，入仕做官者亦众，官员们极重视家宅建设，所以当地凡是官宦府邸，其建筑必不同于普通家宅。因此，茂林花砖因外形考究、质地精良等特征，成为当地官宦府邸建筑的首选。

（五）徽州楹联匾额传统制作技艺

徽州楹联匾额传统制作技艺依存于徽派建筑，其作为一种特有的文化装饰构件技艺，被广泛应用于徽州民居、祠堂、园林等徽州古建筑中。徽州楹联匾额的制作，需要木工、漆工、刻工等通力合作才能完成，且材料选择考究、工艺流程复杂。古徽州的杉木、桐油、猪血、生漆、石膏、苎麻布、木炭、草木灰、沙叶、百节草、石绿、金粉、金铂等物产极为易得，是徽州楹联匾额传统制作技艺的主要原材料。徽州楹联匾额传统制作技艺包括制坯、嵌补、褙麻、刮腻、上漆、水磨、推光、风干、描字、雕刻（阴刻）或堆灰（阳刻）、贴金描粉等工序。得益于技艺精湛、原料考究，徽州楹联匾额具有能防潮、不变形、不开裂、不剥落等特征，多数能保存数百年甚至上千年。

徽州多数民居厅堂、宗族祠堂、园林建筑中均悬挂有徽州楹联匾额，其主题多为咏物写景、抒情言志，内容包括人生体验、儒学修养、处事哲理等，以教育家族成员、供后人学习体味、实现文化传承为主要目的。

第三节 皖南传统建筑技艺的保护与传承

一、皖南传统建筑技艺类非物质文化遗产保护现状

截至2021年8月，安徽省登记的国家级传统建筑技艺类非物质文化遗产共2项，均为皖南地区所有。详见表3-1。

表 3-1　皖南国家级传统建筑技艺类非物质文化遗产

城市	种类名称
黄山市	徽派传统民居建筑营造技艺
	徽州三雕技艺

截至2021年8月，安徽省登记的省级传统建筑技艺类非物质文化遗产共9项，亦全为皖南地区所有。详见表3-2。

表 3-2　皖南省级传统建筑技艺类非物质文化遗产

城市	种类名称
黄山市	徽州民居建筑营造技艺
	徽州三雕
	徽州古建砖瓦制作技艺
	徽作家具制作技艺
	徽州楹联匾额传统制作技艺
	徽州楹联匾额
宣城市	徽州三雕（绩溪县）
	徽派墙头画
	花砖制作技艺

二、皖南传统建筑技艺的传承困境

皖南传统建筑技艺反映了特定的历史时期当地社会的发展情况，曾是当地民众生产生活之必需。但现如今，随着社会经济和高新技术的发展，新经济形式出现，人们的生活方式发生了转变，皖南传统建筑技艺逐渐失去了其原有的传承土壤，失去了往日的荣光，面临着衰退或消亡的不利局面。究其具体原因，主要有建筑材料的缺失、机械工具的取代、施工图纸的限制、创新能力的不足、带徒授艺的尴尬等。

（一）建筑材料的缺失

就皖南传统建筑材料而言，今时已不同往日。如针对民居檐口落水，明清时期主要利用天沟排水。当时，采用陶土烧制天沟瓦，下设天沟板，天沟瓦和天沟板间用陶管连接，便于雨水排向屋外。现如今，陶天沟已不多见，常用的是锡管。在室内地面铺设方面，明清时期主要使用望砖望板铺设，现如今，则被诸如橡胶防水卷材等替代。在墙体砌筑方面，明清时期多是两厘米的薄砖砌成的灌斗墙，灌斗墙墙体与柱子间有柱门，既能通风，又能防腐。但因这种薄砖烧制难度大，现如今为单砖墙所代替。明清时期用作砖雕的材料，质地细腻，并有过浆的程序，质地极好。但此种传统烧制方法烧制的砖，程序复杂且费时，造价又高，在当代往往不是首选，以普通方法烧制的砖代替，这在一定程度上影响了砖雕的艺术效果。

（二）机械工具的取代

现代化机械工具的使用，对皖南传统建筑技艺造成了冲击。毋庸置疑，机械工具在建筑工程中的使用，能极大地提高工作效率，然而，这些工具使用在皖南传统建筑中，却有可能使这些非物质文化遗产得不到应有的传承。如在原徽州府衙复原现场，经常能看到电钻、电锯、切割机、打磨机等现代机械。工程负责人认为，此工程应是“原来的技术、原来的工艺、原来的形制、原来的材料”，然而为资金、时间所囿，再加上一些其他原因，无法实现初衷。又如徽州三雕中也普遍使用现代化机械工具，其大料切割工作全部依赖机械工具，甚至一些较为精细的雕琢打磨工作，也逐渐使用机械工具。近年，古徽州地区开设不少三雕工艺作坊，以砖雕为例，其使用的现代化工具包括电磨、电钻、切割机、磨机等，以前需要小刀细刻的镂空雕刻，也为相对简单的电磨所代替。当地砖雕传承人对此极为担忧，他们认为现代化工具对传统工艺有较大影响，机械的痕迹很重。另外，木雕雕刻在做深浮雕时，全部是用手工凿子慢慢地精雕细琢出来的，现在也会借助修边机、吊磨机等现代化机器。虽然一些私人经营的作坊，为了追求效益与利益最大化，不得不使用机械工具，但一些机械工具逐渐成为主导，一些手工工序被遗忘，精湛的技艺流失，使得三雕技艺已很难恢复到之前的水平了①。

（三）施工图纸的限制

随着施工工程图纸的出现，皖南传统建筑技艺的发展受到了冲击。皖南传统建筑技艺经过上千年的发展，形成了自己固有的流程和方法。如在徽派建筑木构件制作中画榫环节，主要借用丈杆和竹签，因为所有木材形状、尺寸均不同，工匠会因地制宜，为所有木构件制作相应的竹签，用来标刻度。尺寸、位置等全凭工匠的经验和记忆的口诀。但现如今丈杆、竹签逐渐被抛弃，与之相关的匠谚口诀也面临失传，这是皖南传统建筑技艺的一大损失。又如徽州三雕技艺，传统工匠均凭自己的天赋、经验设计雕刻图案，图案与雕刻同时生成，相辅相成。但现如今批量化生产的工程图纸限制了三雕艺人的创作自由，按图施工、等于依葫芦画瓢，使得传统三雕作品失去了自身的风格，也不利于学徒形成扎实的基本功，影响了徽州三雕技艺的整体水平。

（四）创新能力的不足

传统非物质文化遗产的传承取决于社会需求与民众生活方式。皖南传统建筑技艺发展到现在，已有内容陈旧、形式单一、不能融入现代生活等缺点，再加上现如今市场经济、文化多元双重压力，论传承可谓困难重重。以徽州木雕为例，其最大的需求源于徽派传统民居与徽作家具。但清嘉道以后，叱咤商海的徽商已经衰落，徽派传统民居与徽作家具也失去了往日的繁荣，对木雕装饰的需求日减。在经济全球化的今天，徽州木雕仍拘泥于原有市场，并没有创新生存模式、营销模式。现代化家居用品，如相对于原有的木雕桌椅木，皮质、布艺沙发更加受人们的青

① 乔宽宽:《徽州传统民居营造技艺现状研究》,中国艺术研究院2011年硕士学位论文,第43页。

睐，木雕在生产生活领域慢慢失去了市场，传承面临着困境。又如徽州砖雕技艺，近年，因徽州旅游业的发展，当地建了多家工场或作坊。但这些从工场或作坊流入市场的相关产品，均为批量生产，虽数量众多，却少有精品。同时，就职于这些工场或作坊的多数工人，技艺虽娴熟但却不精湛，其作品多为古代作品之仿生品，即使质量过硬却也无丝毫创新。还有，砖雕也被用来装饰当地或省内的部分仿古建筑物，如门楼、门罩、回廊的窗、景门上的门楣、漏窗间的嵌画、屏风墙角花等处。但就砖雕目前的发展态势，仍以大量复制产品为主，缺少开发，内容毫无新意。

（五）带徒授艺的尴尬

手工技艺的传承没有系统的文字资料，主要依靠师傅口头传授，学徒的天赋和经验十分重要，导致学艺之路异常艰辛。古代生活条件艰苦，很多学徒为了有一技之长改善生活，不得不付诸青春甚至终身，因为技艺是他们赖以生存的资本，所有会付出很多努力去学习钻研。徽州地区手艺人在技艺传承方面向来具有强烈的保护观念，多数仅限于父子间或家族内的传授。同时，诸如徽州三雕之类的技艺学精的难度极高，再加上当今社会生活条件改善，年轻人要找一份轻松的工作并不是难事，难度相对较大、工作环境相对较差的传统建筑技艺，如砖雕、石雕，制作时砖屑、石屑乱溅，工作室里尘土飞扬，让年轻人望而生畏，在当代很难吸引家族内的年轻人学习、传承，除非在技艺方面天赋极高，又有极高的热忱，否则很难坚守，有的甚至出现了继承人青黄不接的现象。

三、皖南传统建筑技艺的保护与传承

现如今，对皖南传统建筑技艺的保护还停留在传统民居文物的保护上，从技艺传承角度对皖南传统建筑技艺的保护则相对较少。随着时代的进步，皖南传统建筑技艺离民众的生活越来越远，面临着消失的危险。

因此，对皖南传统建筑技艺的保护和传承迫在眉睫。

（一）因项制宜　寻求创意

皖南传统建筑技艺可立足于自身特点，与创意产业有机融合，不断提升文创产品的设计、制作及衍生品的开发。如徽州三雕，可以在保持徽文化底蕴和精髓的基础上，根据当代人的审美、消费需求，开发出具有时代感的产品。

这里仅选取俞有桂的徽雕作品《一带一路》为例，作简要说明，其创作灵感源于“一带一路”合作发展的理念和倡议。作品原料选用的是珍贵的阴沉金丝楠木，质地温润舒滑、幽香通透。雕刻手法使用的是徽雕之立体圆雕手法。雕刻的内容是一匹大漠苍狼、四匹骆驼以及驼背上的商人，骆驼、苍狼的毛发依木纹而刻，力求纹理与刻画之物相融合，整个画面惟妙惟肖，如场景重现；人物的面部使用的是典型的徽派雕刻技法，精雕细刻，线条细腻，将人物的文雅之气很好地表现出来；驼队脚下的黄沙粒粒分明，质感逼真，这是作者在传统技艺基础上的创新。整个作品从素材搜集、创作到最终的成果呈现，均体现了俞大师对日常生活的感性认知及对徽雕艺术的极致热爱①。2016年，徽雕作品《一带一路》荣获第五届江西省工艺美术“杜鹃奖”银奖，好评如潮。

由此可见，立足皖南传统建筑技艺自身特点，在保持传统非物质文化遗产文化内核和精髓的基础上，将非物质文化遗产资源与创意产业有机结合，将会极大提升皖南传统建筑技艺的设计、制作与衍生品开发能力。

（二）保护艺人　重视传承

精湛的手工技艺往往源于艺人们的大量实践经验，传承靠的是口头相传，在皖南传统建筑技艺的保护中，保护好传承人是重中之重。地方政府申请非物质文化遗产的同时，应给予传承人相应的经济待遇，使其不

---

① 张鑫:《徽雕艺术的当代传承与创新——从工匠到艺术创客的情与理》,《美术教育研究》2018年第11期,第27页。

用为了生计而发愁，安心钻研技艺、遴选学徒。

前文已述，由于有的技艺传承人出现青黄不接的情况，皖南传统建筑技艺存在人亡艺绝的情况，拓宽传承人的范围与方式迫在眉睫。诸如师徒传承、家庭传承、帮工传承、姻亲传承等形式的技艺传承方式一直在徽州民间流行，但都过于局限。当代，可依托校企合作平台，创新人才培育模式，开设皖南传统建筑相关技艺课程，邀请技艺传承人登台授课，传播皖南传统技艺人的工匠精神。借助讲座、实训、毕业设计等辅助教学过程，培养高职学生将皖南传统建筑技艺与当代技术相结合的能力，能为传承人提供物色继承人的机会。最终达到皖南传统技艺得以创新传承、高职院校实现特色办学的双赢局面。也可推进皖南传统建筑技艺进社区、进乡村、进家庭，建立皖南传统建筑技艺传习所等机构，定期举办传统建筑技艺知识学堂、开设相关亲子体验班，使技艺传承常态化。

（三）借助平台　拓宽渠道

皖南传统建筑相关技艺可借助互联网，突破皖南传统技艺的传承模式。网络新媒体技术的飞速发展，带来了网络直播、短视频平台的兴起。一些网络直播、短视频平台在娱乐大众的同时，也促进了优秀传统文化的传承，如“虎牙直播”APP专为传统技艺设置“工匠频道”，“美播”APP亦设置了“生活美学频道”，为传统技艺传播提供了新途径。“抖音”短视频APP更是推出“谁说戏曲不抖音”专题，带动了数万民众参与短视频录制，推动了优秀传统文化的传承。皖南传统建筑技艺中的徽州三雕尤其是木雕也可在精心策划、文化宣传的基础上，借助直播平台开设相关技艺产品的制作课程，凡是参与课程者，提供参与手工体验的材料包，鼓励爱好者在看直播的过程中同步制作木雕产品，提高其成就感。亦可组织与有影响力的短视频平台合作，借鉴“谁说戏曲不抖音”专题之经验，推出“谁说木雕不抖音”“谁说砖雕不抖音”“谁说石雕不抖音”等系列专题，让皖南传统建筑技艺真正为普通民众所喜爱，真正做到接地气。

（四）数字保存　活态传承

针对在生活中仍有应用但面临着消亡困境的皖南传统建筑相关技艺，借助现代高科技，进行视频录像、数字处理。视频录制的内容可包括天沟瓦烧制的过程、望砖望板铺设的方法、灌斗墙如何砌筑、三雕雕琢的步骤与细节、竹签如何标刻度等。通过传承人讲述、示范操作，将曾经在皖南地区流行但现已经面临失传的建筑技艺，通过三维动画技术进行演示，高度仿真地还原非物质文化遗产的生存环境。另外，在新媒体大环境下，民众的信息传播、接收方式已经发生了天翻地覆的变化，可以运用诸如大数据、云计算等现代信息技术，将不同形态皖南传统建筑技艺在不同网络平台上进行精准投放、垂直推送，效果必是超出预想的。在此基础上，适时借助VR、AR、AI等技术，进一步优化皖南传统建筑技艺的传播形式。[①]通过以上种种方法让更多人看到、了解皖南传统建筑技艺。

① 窦瑾：《安徽省非物质文化遗产活态传承研究》，《文化创新比较研究》2019年第7期，第42页。

第四章　学——皖南传统文房用品制作技艺

皖南传统文房用品制作技艺包括皖南传统制笔技艺、皖南传统制墨技艺、皖南传统造纸技艺和皖南传统制砚技艺。这些技艺有历史悠久性、就地取材性、流程复杂性和工艺精湛性等特征，具有文化传承、艺术审美、稳定社会、经济创收等价值。现如今，皖南传统文房用品制作技艺的传承面临困境，这需要加强传承队伍的建设、充分发挥大众媒体的作用、规范传统技艺的生产性保护。

第一节　皖南传统文房用品制作技艺概述

一、皖南传统文房用品制作技艺相关概念

（一）文房四宝

文房四宝，即中国古代文人写字作画必备的四样文具——笔、墨、纸、砚。根据相关资料记载，“文房四宝”称谓，在北宋时期已流传开来，时人梅尧臣曰：“文房四宝出二郡，迩来赏爱君与予。”[①]文房四宝又名“文房四士”，陆游有言：“水复山重客到稀，文房四士独相依。”[②]可

① 孙敦秀:《文房四宝小词典》,国防大学出版社2011年版,第203页。

② [清]陈淏子辑,伊钦恒校注:《花镜(修订版)》,农业出版社1962年版,第82页。

作为“文房四士”名称之佐证。“文房四宝”亦简称“文房”，如吴自牧《梦粱录》记录：“其士人止许带文房及卷子，余皆不许夹带文集。”[①]还可直接称为“笔墨砚笺”，如《花镜》载：“设棋枰一，壶矢骰盆之类，以供人戏。具笔墨砚笺，以备人题咏。”[②]

文房四宝与中国传统文化的发展息息相关。关于文房四宝具体所指，一直众说纷纭，本书主要总结如下：“笔”为浙江湖州吴兴之湖笔、墨为安徽古徽州歙县之徽墨、纸为安徽古宣州泾县之宣纸、砚为广东古端州高要之端砚（另有观点认为砚应为“歙砚”）。在南唐时，因后主李煜主导，文房四宝囊括宣州的诸葛氏笔、歙州的李廷珪墨、宣州的澄心堂纸、歙州的龙尾歙砚，均为皖南地区所有。

（二）宣笔

唐朝是中国封建社会鼎盛时期，政治清明、经济发达、文化兴盛，在此历史背景下，作为文房四宝之一的宣笔因势而生，可谓是毛笔之精品。宣笔诞于当时的制笔中心——宣城郡（即今天的安徽宣城），宣城著名笔工诸葛氏、陈氏为其制作者和集大成者。

兔毫因坚挺的特质，一直是制作宣笔的主材料。兔毫毫长且劲，以春秋毫为上品，有文人记录其“尖如锥兮利如刀”，历来为当时文人所青睐，甚至有人为其“一掷千金”。宋代大文豪苏东坡晚年亦爱宣城诸葛丰所制之鸡毛笔。

（三）徽墨

徽墨为文房四宝之一，其原产地为歙州（今安徽歙县），因宋宣和三年（1121年），宋徽宗将歙州更名徽州，故称徽墨。陕西隃麋（今千阳县）、延州（今延安县）、扶风在唐朝时为优质墨产地。唐末，河北易州的墨工奚超、奚廷珪父子为避战乱，携全家迁居歙州，并继续以制墨技

① [宋]吴自牧著，张社国、符均校注：《梦粱录》，三秦出版社2004年版，第40页。

② 林崇德，姜璐，王德胜：《中国成人教育百科全书·文学·艺术》，南海出版公司1993年版，第737页。

艺糊口。得益于歙州安定的生活环境，奚氏父子安心改进制墨技艺，制出的墨具有丰肌腻理，光泽如漆的特点，深得南唐后主李煜的喜欢和赏识，不仅封奚廷珪为墨官，还赐“李”姓之殊荣，时人有“黄金易得，李墨难求”之论。当时的歙州为良墨之重要产地，天下之墨推歙州，徽州之名取代歙州后，“徽墨”更是名扬千里。在整个中国历史时期，徽墨经历了几个发展的繁荣时期。明朝开始，以油烟墨为主，并有方于鲁、程君房等制墨名家。但是清末以后，制墨业受到西方墨的冲击，日渐式微。直到1956年，歙县的四家墨店联合组成了胡开文墨厂，安徽其他地区的墨工都受到鼓舞，开始重操旧业，徽墨生命力逐渐恢复。随着徽墨生命力的恢复，越来越多优秀的徽墨问世。2006年，徽墨制作技艺被列入第一批国家级非物质文化遗产名录[①]。

（四）宣纸

宣纸，为中国传统书画主要用纸之一，因其发源并兴盛于宣州（今安徽泾县），故时人称之为宣纸。唐朝，古宣州地区已开始生产宣纸，经历代相袭并传承至今。制作宣纸的原料最初仅有檀树皮、稻草，生产受限。经数代发展，扩展至楮、桑、竹、麻等十几种原料。宣纸以手工抄造为主要制作方法，成品质地纯白细密、纹理清晰、绵软坚韧，百折不损，光而不滑，吸水润墨，宜书宜画，防腐防蛀，曾获“纸寿千年”“纸中之王”之美誉[②]，为历代书画家所青睐。“宣纸种类繁多。根据配料的不同可分为特净、棉料、净皮等几类，根据尺码的不同可分为四尺、五尺、六尺、八尺、丈匹、丈二、丈六等类。制出的宣纸经过上矾、涂色、洒金、洒云母等工序，就制成了‘熟宣’，熟宣的特点是不洇水，适于绘制工笔画。”[③]宣纸亦是文房四宝之一，2006年，宣纸制作技艺入选首批国

① 谢亚平，杨茜如，胡京融：《传统手工技艺》，贵州人民出版社2017年版，第91页。

② 中国艺术研究院·中国非物质文化遗产保护中心编：《第一批国家级非物质文化遗产名录图典》（下），文化艺术出版社2007年版，第922页。

③ 俞汝捷：《中国古典文艺实用辞典》，中国青年出版社1991年版，第1296页。

家级非物质文化遗产名录[①]。

（五）歙砚

歙砚诞生于唐开元年间，著于宋。据史料记载，唐开元中，“猎人叶氏追逐野兽，见石莹洁可爱，携回家中制成石砚，温润胜过端砚。数世之后，叶氏后代以此献与县令，遂为世人所知。南唐中主李璟精意翰墨，歙州地方官献上歙砚，遂更加知名于世。直至南宋，生产规模依然很大。之后，由于石料渐竭，该地只剩荒墟。歙砚石质坚韧、润密，不吸水，不伤毫，发墨如油，且造型古朴、雕刻精细，为我国传统工艺品之一。歙砚中精品有金星、银星、罗纹、刷丝、眉子等。‘金星’：石上充满金黄色小碎点，最佳者形似龙尾，称‘龙尾金星’。‘银星’：面上白点形似粟米。‘罗纹’：其纹细如罗纹，质润如玉。‘刷丝’：其纹细密如发，每条丝理相去一、二分不等。‘眉子’：其纹如甲痕、卧蚕，有的长至二、三寸。”[②]歙砚在中国历史上一直负有盛名，位列中国古代四大名砚之首。南唐时，因后主李煜的独宠，其与李廷珪墨、澄心堂纸、诸葛氏笔并称文房四宝。

二、皖南传统文房用品制作技艺的基本特征

古代，皖南地区的笔墨纸砚等文化用品的制作技艺十分高超，出现了闻名全国的宣纸、宣笔、徽墨、歙砚等。这些技艺或诞于同一地区，或诞于邻近区域，具有历史悠久性、就地取材性、流程复杂性和工艺精湛性等特征。

① 阚男男：《安徽宣纸、书法、篆刻》，吉林出版集团有限责任公司2014年版，第10页。

② 俞汝捷：《中国古典文艺实用辞典》，中国青年出版社1991年版，第1299—1300页。

（一）历史悠久性

皖南传统文房用品制作技艺具有历史悠久性。如徽墨，前文已述，其生产史可追溯至唐朝，开创者为奚超、奚廷圭父子。唐末，奚氏父子因战乱迁居歙州。以皖南古松为制墨原料，并改进捣松、和胶等技术，经过刻苦钻研，最终制成“落纸如漆，万载存真”的好墨，传承至今。又如宣笔，其制造工艺始于秦朝，到唐宋时期，宣笔流行于文人墨客之间，深受青睐。又如宣纸的历史亦很悠久，最早出现在中国唐代著名学者张彦远所著的《历代名画记》一书中：“江南地润无尘，人多精艺……好事家宜置宣纸百幅，用法蜡之，以备摹写。”[①]再如歙砚，如前文所述，其诞生于唐，闻名遐迩，一直流传至今。

（二）就地取材性

皖南地区自然资源十分优越，一些传统文房用品需要的制作原材料就地取材。如徽墨，徽州地处皖南山区，群山环绕，多产古松，松烟正是制作墨的重要色料。北宋晁贯之《墨经》曾点评：“今其所有者，才十余岁松，不可比西山之大松，盖西山之松与易水之松相近，乃古松之地，与黄山、黟山、罗山之松品惟上上”[②]，这种得天独厚的原材料优势，为徽墨成为文房四宝之一奠定了基础。徽墨能够闻名天下，徽墨墨模功不可没，而徽墨墨模在明代以铜板刻制，到了清代，多用石楠木雕刻。石楠木是生长于皖南深山的稀有木材，其质地坚硬，纹细瑰丽，不朽不腐，冬天不凉，夏天不热，楠木香浓，百虫不侵，耐热吸水，古色古香，而这些特征正符合徽墨墨模对于制墨材质的所有苛求[③]。又如宣纸，是以泾县当地特有的青檀皮和沙田稻草为原料，用当地的山泉水精制而成。因美观且适用而著称于世。再如歙砚，其原材料歙石开采于黄山山脉与天

① [唐]张彦远：《历代名画记》，京华出版社2000年版，第23页。

② 王俪阎，苏强：《明清徽墨研究》，上海古籍出版社2014年版，第14页。

③ 江志伟：《徽墨是怎样诞生的?》，《江淮文史》2011年第1期，第153—154页。

目山、白际山之间，其石质优良，温润细腻，如“孩儿面”。

（三）流程复杂性

皖南地区的传统文房用品制作技艺精湛，流程复杂。如宣纸的制作原料最开始选取的是青檀皮、沙田稻草，先以青檀皮制皮料浆、以沙田稻草制草料浆，根据规定的比例将二者混合，经抄、晒、剪等程序，才能最终制成宣纸。皮料浆、草料浆的制作工序看似简单，但要真正制成纸浆，不仅需要浸泡、清洗、蒸煮、腌沤、发酵等工序，还要在户外日晒雨淋，天然漂白。前后要经过百余道工序，历时两年多，原浆才能变为成品纸[①]。又如徽笔，其选料讲究，制作工艺复杂，主要有水盆、装套、修笔、检验、装球五个步骤，具体又可分为浸皮、发酵、柔笔、选毫、分毫、熟毫、扎头、笔套、易毫、刻字等流程。仅宣笔笔头制作技艺就有数十道工序：“选主毛，整理主毛，固定毛根，泡水，去油脂，洗除石灰水，理齐毛根，去皮脂、绒毛，搭配均匀，分成小片，梳毛根，齐毛，压切毛，梳毛，拍打整齐根部，剔倒毛，挑虚锋，选叠毛，整理叠毛，固定毛根，泡水，去油脂，洗除石灰水，刮倒毛，剔虚锋，梳毛片，分披毛，理匀披毛，卷笔柱，固定笔尖，烧毛根，顿毛根，放置稻草灰上吸水，放在太阳下晒干，扎笔根，敲打笔根，固定笔根等。”[②]再如徽墨的制作技艺也十分复杂，制成佳墨需要经过刻模、点烟、和料、杵捣、制墨、晾墨、锉边、洗水、描金、制盒和包装等工序，是墨工千锤百炼、汗流浃背的成果，其中最为关键的工序是刻模、和料和制墨[③]。

（四）工艺精湛性

皖南传统文房用品能够闻名天下，经久不衰，一个重要的原因在于其制作技艺精湛。如徽墨，其不仅选用的原料讲究，对制作技艺也是精益

① 姚超，黄飞松，樊嘉禄：《宣纸制作技艺传承状况调查》，《黄山学院学报》2012年第2期，第43页。

② 江志伟，汪苹：《徽笔：国家级“非遗”》，《东方收藏》2016年第1期，第119页。

③ 朱良剑：《圆明园景御制墨藏》，安徽科学技术出版社2015年版，第36页。

求精。制成的徽墨色质“拈来轻，嗅来馨，磨来清”，手感“丰肌腻理”，外形“光泽如漆”，品质“十年如石，一点如漆”[①]。“李廷珪墨”一经问世便因工艺精湛而有“黄金易得，李墨难求”之论，也因此使歙州成为制墨中心。明代时，“桐油烟”“漆烟”的制墨方法被广泛采用，现藏于北京博物院、台北故宫博物院的明代徽墨，制作工艺堪称精美绝伦，令人叹为观止。清代，胡开文制成集锦墨，是徽墨的杰出代表，其绘图生动、造型优美、镂工精致、色调和谐，是画家、书法家、雕刻家和墨工集体劳动的结晶[②]。又如宣笔，其笔头制作原料选材十分讲究，须为成年野兔（雄兔）脊背上的一小撮毛（又称紫毫），而此类野兔要以泉水和竹叶为食，且必须在秋天捕获。其“齐毛”工序，首先把兔毛由长到短一根一根地拉齐，再根据需要的长短，从毛体根部切除多余部分，形成平整的切面，再用单面锋刀轻轻剃去倒毛。毛体的干湿度需要掌握好，毛体太干，会剔除很多所需的毛。毛体太湿，倒毛则剃不出来。传统工艺是在剃毛前用嘴巴将水吸干[③]。由此可见，正是由于制作工艺技术过硬，制作出来的文房用品质量精良，方才广受欢迎。

三、皖南传统文房用品制作技艺的价值

宣笔、徽墨、宣纸、歙砚等皖南传统文房用品制作技艺无论在古代还是现代，都有文化传承、艺术审美、经济创收等价值。

（一）文化传承价值

皖南传统文房用品制作技艺历史悠久，既是中国传统文化和中华文明的重要组成部分，也是重要载体，不仅有实用价值，还有文化传承价值。虽然宣笔、徽墨、宣纸、歙砚等传统文房用品制作技艺一直在不断地完

① 祖晓敏，周致元：《论徽墨文化的传承与创新》，《铜陵学院学报》2018年第3期，第92页。

② 王焕：《中国传统文化视域下的徽墨艺术》，《中国艺术时空》2014年第3期，第56页。

③ 江志伟：《杨文：唱响徽笔传承之歌》，《江淮文史》2010年第6期，第161页。

善发展，但即使在科技发达的今天，仍保留着其传统的技法，文化内涵丰富，反映着中国传统思想、理念、历史、文化、科技、道德等。如古代制作徽墨需要经过20余道复杂的生产流程，现代制墨在性能、配方、工艺和肌理等方面和古代制墨一脉相承，生产流程中的每一道工序都极为讲究。无论是古代徽墨墨模雕刻，还是现代徽墨墨模雕刻，内容均大多为中国传统图案，有亭台楼阁、花卉树木、龙凤鸟兽、风景名胜、山水人物，甚至是诗人的名句等[①]。当代徽墨制作技艺传承人项德胜所制《清明上河图》，将中国传统图案以描金填色的方法绘制于墨锭上，造型十分美观，呈现出别具特色的徽墨文化[②]。在中国传统观念中，金色象征的是高贵、辉煌，这是对中国传统文化的一种传承。

中国的书法和绘画最大的魅力在于其神气、气韵、气语，是中国历史文化的积淀。文人雅士想要将中国书画的神韵淋漓尽致地表现出来，离不开被称为文房四宝的宣笔、徽墨、宣纸、歙砚，在他们眼中不仅是实用的工具，更是精神上的良伴，他们通过笔墨纸砚挥毫泼墨、行文作画，将传统文化一直传承下去。

（二）艺术审美价值

以宣笔、徽墨、宣纸、歙砚为代表的皖南传统文房用品蕴含着深厚的文化底蕴，散发着浓浓的东方味道，具有极高的美学价值。宋代文豪苏轼曾赞美歙砚具有独特的内在美，他认为“砚之美，止于滑而发墨，其他皆余事也”[③]。宋代著名书法家米芾在《砚史》中盛赞歙砚“金星宋砚，其质坚丽，呵气生云，贮水不涸，墨水于纸，鲜艳夺目，数十年后，光泽如初”[④]。又如徽墨之墨模上的图案是能工巧匠精雕细琢出来的，富有神韵，集书法、绘画、雕刻、造型等艺术于一体，集中体现了徽州乃

① 张明泉：《徽墨装饰研究》，苏州大学2009年硕士学位论文，第18页。

② 王焕：《中国传统文化视域下的徽墨艺术》，《中国艺术时空》2014年第3期，第62页。

③ [宋]苏轼著，李之亮笺注：《苏轼文集编年笺注·诗词附九》，巴蜀书社2011年版，第687页。

④ 唐建：《中国四大名砚鉴赏投资指南》，中国大地出版社2016年版，第34页。

至中国古代书法、绘画、雕刻水平的综合美学价值。宋代著名画家米友仁是“把中国书画艺术和徽墨制模艺术融为一体的第一人”[①]，为其他书画家竞相模仿。徽墨墨模技艺还被运用到徽州版画中，使其具有独特的艺术价值。

（三）经济创收价值

皖南地区在丰富的物产资源和精湛的制作技艺的基础上，生产出宣笔、徽墨、宣纸、歙砚等文房精品，在古代一直为文人墨客所追逐，为当地创造了巨大的经济价值。现如今，在传承人的不断努力下，为国内外消费者所喜爱，继续创造着经济价值。宋代时，因重文轻武，文化氛围浓厚，笔墨纸砚的需求量激增，一时供不应求。宋熙宁年间，朝廷“诏降宣纸式下杭州，岁选五万番”[②]，宣纸成为贡品，一金难求，这无疑促进了当地经济的发展。到了清朝，纸坊遍及安徽泾县县内各地，全县当时共有纸棚40余家，纸槽156帘，同时诞生了“白鹿”“鸡球”等老字号品牌[③]，进一步促进了当地的经济发展。现如今，宣纸仍是泾县的支柱产业，具有良好的经济效益，在当地的经济发展中发挥了重要作用。又如徽墨，罗愿曾评价当时的徽墨，“若急于目前之售，故用胶不多而烟墨不昧，若岁久胶尽，则脱然无光如土碳耳”[④]，这虽然是在批判少数徽墨经营者明知轻胶制墨的弊端却依旧使用，但也从侧面反映徽墨在当时之紧俏，能够为商人及当地带来极大的经济利益。据统计，从1981年开始，屯溪胡开文墨厂已连续36年被评为“安徽省著名商标”。尤其是2001年企业改制后，其坚持在工艺、材质、产品等方面进行深入研究、创新。在胡开文墨厂带动下，截至2018年，黄山市仍位居全国制墨业之首，有25家徽墨生产企业和手工作坊，拥有传统知识产权专利产品18项，徽墨

---

① 罗昊:《徽州墨模雕刻艺术的演进与美学价值》,《合肥师范学院学报》2020年第4期,第93页。

② 孔令刚:《安徽科学技术》,安徽文艺出版社2012年版,第117页。

③ 董圣洁:《四大发明的故事》,江西教育出版社2013年版,第30页。

④ 刘伟文,姚昱波:《唐宋时期的徽墨》,《文物鉴定和鉴赏》2018年第15期,第80页。

年产量328吨，产值8516万元[①]。

第二节　皖南传统文房用品制作技艺种类

一、皖南传统制笔技艺

（一）宣笔制作技艺

1.宣笔制作技艺简述

宣笔选精毫为材，毛佳管直，“尖、圆、齐、健”四德俱备。宣笔由笔管与笔头两部分组成，笔管主要材质多为竹、木、牛角、瓷、象牙，讲究“心圆管直”，其表面虽有雕刻却不事繁缛，多显简洁、清丽。笔头依据制作原料和弹性强弱进行细分，可分为软毫、硬毫、兼毫三大类[②]，因毫性不同而功能有异，满足了时人不同风格的字体和画风。

宣笔是毛笔中的佼佼者，而宣笔中的精品当属诸葛笔，诸葛笔的制作者诸葛家族在宣笔制作技艺史上功不可没，主要代表人物有诸葛高、诸葛元，诸葛渐、诸葛丰等。宣笔在古时非常受欢迎，“治平、嘉祐前，有得诸葛笔者，率以为珍玩，云一支可敌它笔数枚”[③]。大书法家柳公权对宣笔情有独钟，《白孔六帖》载：“宣州诸葛氏能作笔，柳公权求之，先与二管，语其子曰：‘柳学士如能书，当留此笔。尔不，退还，即以常笔与之。’未几，柳以不入用退还，别求，遂以常笔与之。先与者二笔，非右军不能用也。”[④]一些文人更是视宣笔如珍宝，如苏东坡即有言“宣州

① 姚昱波:《试论保护和弘扬徽墨传统制作技艺的现实意义》,《文物鉴定与鉴赏》2019年第19期,第94页。

② 范瓦夏:《文房四宝名四海》,安徽大学出版社2007年版,第67页。

③ 上海书画出版社编:《文房用品辞典》,上海书画出版社2004年版,第25页。

④ 周勋初:《唐人轶事汇编》(三),上海古籍出版社2016年版,第1211页。

诸葛氏笔，擅天下久矣，纵其间不甚佳者，终有家法。如北苑茶、内库酒、教坊乐，虽弊精疲神，欲强学之，而草野气终不可脱。”[①]宣城诗人梅尧臣更是以宣笔为傲，认为“笔工诸葛高，海内称第一”[②]。做工精良的宣笔，已成为当时文人馈赠亲朋好友之佳品。欧阳修因梅尧臣赠之宣笔，开心之余，写有《圣俞惠宣州笔戏书》，诗中言：“圣俞宣城人，能使紫毫笔。宣人诸葛高，世业守不失。紧心缚长毫，三副颇精密。硬软适人手，百管不差一。”[③]宋白在《赠麻仲英》中亦称：“宣毫歙墨川笺纸，寄与麻家小秀才。”[④]

宣笔不仅做工精美，且品种多样。除普通宣笔外，诸葛家族还创制出点青螺笔、散卓笔、造鼠鬚和长心笔，尤以散卓笔最为独特。黄庭坚云：“宣城诸葛高系散卓笔，大概笔长寸半，藏一寸于管中”[⑤]。蔡絛云：“宣州诸葛氏，素工管城子，自右军以来世其业，其笔制散卓也”[⑥]。散卓笔的笔头较软但根部牢固，含墨虽多却不溢滴，久用不散，书写非常流畅。

2. 宣笔制作技艺的历史文化渊源

宣笔制作至今已有两千多年的历史。据史料记载，公元前223年，秦名将蒙恬南下伐楚，途经中山（今宣城市一带），见山中兔肥毫长，又盛产竹子，遂命人逮兔取毫，以竹为管制笔，世称蒙恬笔，亦称秦笔[⑦]。

隋唐时期，经济发展、文化繁荣，文房四宝的制作业进入鼎盛时期。隋开皇九年（589年），宛陵更名宣州，秦笔改称宣笔。唐时的宣州成为全国制笔中心，所制宣笔做工精良，深受士林称道，并成为朝廷贡品[⑧]。

---

① [宋]苏轼：《苏东坡全集》(6)，北京燕山出版社2009年版，第3253页。

② 泾县地方志编纂委员会编：《泾县志：1988—2005》，方志出版社2011年版，第229页。

③ 张春林：《欧阳修全集》，中国文史出版社1999年版，第115—116页。

④ [清]厉鹗：《宋诗纪事》(一)，上海古籍出版社2013年版，第38页。

⑤ 赵权利：《中国文房四宝小史》，中国长安出版社2014年版，第18页。

⑥ [宋]蔡絛：《铁围山丛谈》，上海古籍出版社2012年版，第62页。

⑦ 安徽省非物质文化遗产小组编：《安徽省非物质文化遗产保护手册》，安徽教育出版社2013年版，第77页。

⑧ 安徽省非物质文化遗产小组编：《安徽省非物质文化遗产保护手册》，安徽教育出版社2013年版，第77页。

唐天宝二年（743年），陕郡太守韦坚引灞桥水至望春楼下，汇成广运潭，为表庆贺，“坚预于东京、汴、宋取小斛底船三二百只置于潭侧，其船皆署牌表之……宣城郡船，即空青石、纸笔、黄连”[①]。宣笔在当时显然已成宣州的重要支柱产业。耿湋《咏宣州笔》亦云：“寒竹惭虚受，纤毫任几重。影端缘守直，心劲懒藏锋”，可见宣笔在其心目中的地位之高。“端溪石砚宣城管”“宣毫利若风”“江砚宣毫各别床”“越管宣毫始称情”“锋铓管束本宣毫”等都是时人对宣笔的赞誉。白居易更是作《紫毫笔》诗一首：“江南石上有老兔，吃竹饮泉生紫毫。宣城工人采为笔，千万毛中拣一毫”，更加印证了宣笔制作技艺之考究、精湛。

宋代，宣笔制作技艺更发达、工艺更精美。如徐铉《和复州李太保酬笔》称：“处处良工事笔锋，宣毫自昔最称雄”。魏野《送宣笔与成都司理刘大著》言：“宣城彩笔真堪爱”。杨亿《又以建茶代宣笔别书一绝》曰：“辄将北苑先春茗，聊代山中堕月毫”。

元代，因当时战争频繁，大量宣州笔工南迁，流落至湖州，湖笔继而起之。

（二）徽笔制作技艺

1.徽笔制作技艺简述

徽笔，又称“汪伯立笔”“新安笔”，因产于徽州而得名。徽笔选料考究，制作精细。徽笔选料分为两个方面，一是笔头材料的选择，二是笔杆材料的选择。笔头选料有“千毛选一毫”之说，主要有羊毛、兔毛、马毛、鹿毛、獾毛、狸毛、鼠毛、黄鼠狼尾毛、鸡毛、猪毛、猴子毛、虎毛、狐毛、牛耳毛、胎发等。笔杆可选材料也很多，有水竹、斑竹、紫檀、檀香木、漆器、螺钿、玉、瓷等[②]。

徽笔笔头的制作多在水中进行，传统的制作工序有72道，主要有：选毛料、叠毛、去油脂、去皮脂和绒毛、齐毛锋、配毛料、梳整毛片、

① 姜革文：《商人·商业·唐诗》，复旦大学出版社2007年版，第106页。

② 叶文成：《非遗里的安徽》，黄山书社2017年版，第251页。

卷制笔柱、披笔被毛、扎笔根等。笔头之外的制作工序，主要有选笔杆、安装笔头、黏合笔头与杆、修笔头、定笔型、刻字等[①]。以上工序又属齐毛锋、配毛料、黏合笔头、修笔头最为关键。

2.徽笔制作技艺的历史文化渊源

北宋时期，徽笔制作技艺即已出现。据《新安志》记载，北宋年间，汪伯立在歙州府治创办“四宝堂”，四宝俱产，以毛笔著称于世。南宋理宗时，谢暨知徽州，曾以汪伯立笔与澄心堂纸、李廷珪墨和婺源枣心砚为贡品[②]。除了汪伯立之外，吕道人、吕大渊均有名笔问世。黄庭坚《山谷笔说》所云歙州吕道人，“非为贫而作笔，故能工。”又云“黟州吕大渊，悟韦仲将作笔法，为余作大小笔十余支，无不可人意”[③]。能够得到大书法家黄庭坚的青睐并为之留言，可见当时徽州毛笔的制作技术、质量，均可圈可点。

徽笔以“尖、齐、圆、健”四德闻名于世，有含墨量多、易开合、控制墨液、宜书宜画，且能充分体现墨色的焦、浓、重、淡、清等效果。黄庭坚对其评价道：“张遇丁香笔，捻心极圆，束颉有力，可学徐季海‘禹庙诗’字。侍其瑛、诸葛元，皆不能也。”[④]充分肯定徽笔的地位。徽笔制作技艺传承千年，影响深远，也一定程度上促进了徽文化的发展。

现如今，传统制笔业呈现日渐式微的态势。徽笔制作技艺传承人杨文身先士卒，依托黄山市徽笔工艺研究所，在原有两百多种徽笔基础之上，开发出一系列新品种，其中“桃园三结义”“画龙点睛”“滋龄妙笔”尤为出众，一时供不应求。2017年是徽笔的荣耀之年，“徽匠神韵——安徽徽州传统工艺故宫特展”展出了杨文的点苔笔、宫廷御笔、微刻金刚经徽笔等。点苔笔笔头精选石獾毛、黄鼠狼尾巴毛，以特殊的配料和制作方法制作。笔杆则以凤眼斑竹为材料，其成品的尖端呈现半月形，能点

① 叶文成：《非遗里的安徽》，黄山书社2017年版，第252页。

② 叶文成：《非遗里的安徽》，黄山书社2017年版，第251页。

③ 齐徽：《中国的文房四宝》，商务印书馆1998年版，第27页。

④ 叶文成：《非遗里的安徽》，黄山书社2017年版，第251页。

出月牙状马蹄的印记，即为“马蹄点”，常被用于传统山水绘画。宫廷御笔笔杆原料为小叶紫檀，并在尾部嵌入老牙片。有羊毫、狼毫、兼毫三支笔头。整体而观，笔杆显细长，笔斗呈大酒杯形状。因笔头制作追求饱满、厚重，整支笔的重心位于笔斗以下部分，写出来的字极为浑厚有力。微刻金刚经徽笔为精品中的精品，以极品细光锋羊毛为笔头原料，有锋长达四厘米的毫颖。笔杆以山竹为材料，通过手工烤制将山竹外表皮烤至红色。制作者使用微雕手法，历时三年，将《能断金刚般若波罗蜜经》全文雕刻至笔杆上，字迹清晰，笔法遒劲①。

二、皖南传统制墨技艺

（一）徽墨制作技艺

1.徽墨制作技艺简述

墨的发明是我们的祖先对中国文化乃至世界文明的一项重大贡献。徽墨则是我国制墨技艺中的一朵奇葩，在中国制墨史上占有重要地位。徽墨是一种用于传统书法绘画的特殊颜料，有松烟墨、桐油烟墨、漆烟墨等品种，是书写绘画的必备之物，制作徽墨的材料主要有松烟、桐油烟、胡麻油烟、漆烟、胶等。传统技艺制作的徽墨优点颇多，有的“其坚如玉，其纹如犀，写数十幅不耗一二分也”，有的“香彻肌骨，磨研至尽而香不衰”，有的“取松烟，择良胶，对以杵力……滓不留砚”，有的“坚如石，纹如犀，黑如漆，一螺值万钱”，有的“光可以鉴，锋可以截，比德于玉，缜密而栗。其雕镂之工，装饰之巧，无不备美”②。

徽墨生产工艺复杂，有多道工序且有其独特、秘不示人的绝技，也因此形成徽墨的独特外观与内在品质。徽墨制作技艺是墨工长期经验的积

① 史春霖：《徽笔歙砚荟京城 徽匠精神烁古今——“徽匠神韵——安徽徽州传统工艺故宫特展”文房用品摭谈》，《书画世界》2017年第4期，第21页。

② 杨果：《安徽省首批非物质文化遗产名录图典》，黄山书社2008年版，第118页。

累，是多人智慧的结晶，是一份极其宝贵的非物质文化遗产。徽墨因品种不同，采用的制墨原料和生产工艺也会不同。“如桐油、胡麻油、生漆均有独特的炼制、点烟、冷却、收集、贮藏方法，松烟窑的建造模式、烧火及松枝添加时间与数量、收烟及选胶、熬胶、配料剂等也各有秘诀。”①

宣城市绩溪县以及黄山市屯溪区、歙县是徽墨的主要生产地，所制徽墨，千姿百态，异彩纷呈，“桐油烟”与“漆烟”的制墨工艺被广泛运用，生产达到很高的水平。同时，徽墨还有许多附属产品。如墨模，模上有能工巧匠雕刻的名人书画，集绘画、书法、雕刻、造型等艺术于一体，使墨之本身成为一种综合性的艺术珍品。徽墨不仅以质取胜，还以精美的墨式著称于世，出现了《程氏墨苑》《墨谱》《墨海》等一批墨谱，既是明代版画艺术中的杰出代表，也为徽墨研究提供了重要史料②。

2.徽墨制作技艺的历史文化渊源

徽墨生产始于唐，与当时河北易州先进的制墨技术关系密切，个中缘由前文已论述，此处不再赘述。南唐时期，徽墨制作技艺稳中求进，当地墨工们因地取材，“采用优质的宣州、黄山、歙州、黟山、松罗山所产优质松烧烟，搭配珍珠、玉屑、龙脑等材料，并和以生漆‘捣十万杵’”③，最终制作出松烟墨。

北宋宣和三年（1121年），歙州改徽州，李墨也称徽墨。从此，徽州成为制墨中心，徽墨制作技艺迎来第一个高潮，原材料、配方等方面均有所突破。新开发的桐油烧烟法和松枝蘸漆烧烟法，能分泌出更多脂类，墨色也更加鲜润且有光泽。同时，徽墨煎胶及配方工艺也有所突破，晁贯之《墨经》云：“潘谷之煤，人皆有之，而人制墨莫有及谷者，正在煎胶之法。”④徽州地区墨肆林立，出现了“徽人家传户习”的制墨盛景。

① 谢亚平，杨茜茹，胡京融：《传统手工技艺》，贵州人民出版社2017年版，第88页。

② 张忠平：《浅析徽墨墨模、墨谱艺术的美学价值》，《黄山学院学报》2012年第2期，第29—30页。

③ 王俪阎，苏强：《明清徽墨研究》，上海古籍出版社2007年版，第7—8页。

④ 朱玉龙：《安徽通史·宋金元卷》，安徽人民出版社2011年版，第51页。

元朝，“因统治者实行严酷的民族压迫，‘南人’备受歧视，在科举与文化方面受到限制。……制墨名家寥若晨星，制墨业也远不如宋代，徽墨业处于一个低谷时期。”[①]到了明代，墨业开始复苏，一家一户的个体生产被较大规模的制墨坊所替代，徽墨逐渐商品化[②]。因多家制墨坊进入市场加剧竞争，为保住自己在制墨界的地位，占领更多市场，各家在配方、工艺改良、优化等方面费尽心思，均研制出特色配方且秘不外传，如程君房在桐油烟中加入珍贵配料，创制了超漆烟。这一时期，徽墨制作技艺已有了约定俗成的标准，有“法准古、范准今，膏采之桐、胶采之广，潦以金屑，芬以冰麝，因以为一螺，为万杵，试之砚，则蓊然有光，映于日，则云霞交起”[③]之口诀。

清代，徽墨制作技艺被推向一个新的高度，出现了徽墨四大名家——曹素功、汪近圣、汪节庵、胡开文。其中胡开文所制集锦墨可谓徽墨之集大成者，其造型优美、镂工精致、色调和谐，是画家、书法家和雕刻家集体劳动的结晶，文化底蕴厚重，体现了极高的艺术价值[④]。1915年，胡开文精心制作的“地球墨”，由中国农商部推荐参加巴拿马万国博览会，并获得金质奖牌。胡开文的后代至今仍在当地传承着徽墨制作技艺的精髓。

（二）古法油烟墨制作技艺

古法油烟墨产于原徽州地区（今宣城市绩溪、旌德等地）。制作古法油烟墨所用的油烟原料采用的是最原始炼烟法炼的油烟，此方法以古法油烟——灯盏碗烟为主，又依托于历代制墨名家的配方、技术，最终特制成油烟墨。其具体工序如下：首先，以灯草燃烧桐油、猪油、生漆以产生油烟，并以碗收集。其次，在烟中辅以动物皮胶，适量配置天然麝香、

---

① 叶文成:《非遗里的安徽》,黄山书社2017年版,第231页。

② 高淮强:《徽墨沿革初探》,《安徽师大学报》1985年第1期,第86页。

③ [清]徐卓辑,李琳琦、梁仁志校注:《休宁碎事》,安徽师范大学出版社2018年版,第66页。

④ 王焕:《中国传统文化视域下的徽墨艺术》,《中国艺术时空》2014年第3期,第56页。

金箔、香料、中草药等多种名贵珍稀辅料，经千锤万杵，精制成油烟墨。整个过程分点烟、和料、压磨、晾干、挫边、描金、装盒等工序[①]。

色泽黑润、坚而有光、入纸不晕、舔笔不胶、经久不褪、馨香浓郁、防腐防蛀等是古法油烟墨的特征，其宜于书画，历经千年，墨色仍可不褪。古法油烟墨所用墨模以珍贵的石楠木为胚体，甚至当时名家还为其设计图案。油烟墨有多种规格，既有超顶漆烟、桐油烟、特级松烟等高档徽墨，亦包含多种仿古套墨、集锦套墨等工艺墨。

古法油烟墨制作技艺传承人汪春林出身于制墨世家，自幼对制墨技艺情有独钟。汪春林在继承原有制墨技艺基础上不断改革，因顺应时代潮流，即使在激烈的市场竞争中，以技艺取胜的古法油烟墨企业仍焕发出勃勃生机。值得一提的是，古法油烟墨独特的制作技艺更是吸引中央电视台《走遍中国》栏目组及省市电视台等媒体纷纷慕名而来，拍摄古法"灯盏碗烟"技艺，展示中华绝艺之风采[②]。通过媒体的宣传，更使古法油烟墨制作技艺走出旌德，走向全国，走向全世界。

（三）墨模雕刻技艺

徽墨有着悠久的制作历史，同时，与制墨技艺相伴而生的墨模雕刻技艺也有着悠久的制作历史。汉唐时期，墨模已开始作为墨品的装饰物出现，其制作技艺在明清时臻于鼎盛。

因各种因缘际会，造墨业在古徽州地区发展且世代相传。今宣城市绩溪县是古徽州的制墨要地，清代，制墨业有四大家，其中胡开文和汪近圣均为绩溪人。古徽州盛世文风的兴起，以及当地特有的物产环境，即使徽州制墨业走向顶峰，也为墨模雕刻技艺的发展提供了不可或缺的条件。

墨模质量的优劣、储藏数量的多少，是衡量墨品品质、价值的重要标准。因此，历代制墨者极为重视墨模雕刻技艺，在遴选式样等方面不遗余力，这促进了墨模雕刻技艺的发展创新。

① 范瓦夏:《古法油烟墨制作技艺》,《皖南晨刊》2013年2月21日。

② 方光华:《旌德人文》,合肥工业大学出版社2011年版,第243页。

（四）益寿堂古法印泥制作技艺

印章的使用离不开印泥，质量上乘的印泥印出的文字，极富立体感，清晰醒目，不易渗染、褪色，常用于收藏书画艺术品。

绩溪县益寿堂文化用品厂以生产经营印泥为主业，其前身是益寿堂朱砂印泥制作坊。洪益寿是益寿堂朱砂印泥制作坊创始人，清末，他在上海胡开文墨庄从事印泥制作工作，学有所成，又将印泥制作技艺授予其子洪光勳。洪光勳后离开上海，在南京以经营文房四宝为业。之后，其又携全家返回原籍——绩溪县坦头村。改革开放后，洪光勳率其子洪哲举重操旧业，在绩溪坦头村创办了益寿堂文化用品厂，专门经营书画印泥。

“益寿堂”牌印泥在国内外均享有盛誉。国内外均有“益寿堂”牌印泥的一片天地。值得一提的是，益寿堂印泥获得国家商标局颁发的商标注册证，为安徽省第一家。

三、皖南传统造纸技艺

（一）宣纸制作技艺

众所周知，造纸术是中国古代四大发明之一，而宣纸则是传统手工纸品中最杰出的代表。宣纸制作技艺历史悠久，品种繁多，唐朝时，宣纸就已荣列朝廷贡品。宣纸按照功能可分为生宣与熟宣，熟宣是指在生宣的基础上，经过染色、洒金、印花、涂蜡、研光、加米糊、浸胶矾等复制加工的宣纸，史称加工宣①。宋代，生宣就有夹贡、玉版、净皮、单宣、棉连等，加工宣已有珊瑚、云母笺、洒金、蜡笺等。明清时期，生宣又有宣德贡笺、金榜、潞玉、罗纹、卷廉、连四等，加工宣又有仿唐“薛涛笺”、仿宋“金粟藏经纸”“梅花玉版笺”“玉色粉蜡笺”等。这些宣纸或洒金，或揩银，在制造和加工上已达到了很高的水平。20世纪80

① 吴世新：《中国宣纸史》，山西经济出版社2016年版，第118页。

年代后，宣纸的生产得到了突飞猛进的发展，生产出各种规格的棉料、净皮、特种净皮、纯皮等品种，并不断创新，成功研制出“丈二”“二丈”等新品种。“二丈”宣纸作为迄今为止捞制的最大尺幅的宣纸，于2000年被列入上海大世界吉尼斯纪录[①]。

宣纸又可分为古宣纸和今宣纸，“古宣纸与今宣纸的主要区别在于：唐宋时期用于书画的‘古宣纸’，是以楮树皮等韧皮纤维（长纤维）为原料，生产出的宣纸表面相当致密、平滑、拉力颇强，但润墨性能差，使书画艺术的发挥受到限制；而后来问世的今宣纸则摆脱了很长时期一直采用的楮树皮，创用了泾县山区盛产的青檀皮与当地的沙田稻草等为原料，逐步采用了日光漂白、自然干燥和浆内施浆等独特的新工艺，因而使生产出的宣纸表面平匀、拉力适中、润墨等性能极佳”[②]。宣纸制作技艺可以说是传统手工造纸技艺的领头羊，2006年，宣纸制作技艺被列入首批国家级非物质文化遗产，2009年，宣纸制作技艺入选联合国《人类口头和非物质文化遗产代表作名录》。

宣纸制作技艺的诞生得益于产地适宜的自然环境和优质的原料，宣纸产地集中在泾县西南的小岭一带，此地气候温和，雨量充沛，地形以丘陵山区为主，利于青檀树的生长，冲积平原又适宜种植长杆水稻，青檀树和水稻杆均为宣纸制作提供了优质的原材料。泾县境内有多条河流，尤其是乌溪上游的两条支流，一条属淡碱性，适宜原料加工；一条属淡酸性，适合成纸用水[③]。

宣纸的制作流程极其复杂。“传统的宣纸制作技艺主要分原料收集、原料加工、制浆加工、成纸加工等部分。其中又可分为草料、皮料、皮草台、碓班、做料、捞纸、晒纸、看纸等八部分。”[④]在原料的加工过程中，还需以石灰为辅料，纸浆形成后，再掺入猕猴桃藤汁以提高出纸率。

---

① 叶文成：《非遗里的安徽》，黄山书社2018年版，第204—206页。

② 锺实：《谈谈古宣纸与今宣纸》，《中国造纸》1995年第6期，第67页。

③ 阚男男：《安徽宣纸、书法、篆刻》，吉林出版集团有限责任公司2014年版，第9页。

④ 黄飞松，汪欣：《宣纸》，浙江人民出版社2014年版，第66页。

宣纸“皮料制造过程共分为五个阶段四十三道工序，草料制造过程共分为四个阶段三十七道工序，配料过程分为四道工序，制纸过程分为六道工序，最后是整理包装成品。一般来说，生产一张传统优质宣纸，从原料加工到成品出厂，需经一至两年时间，经过十八道工序和一百多道不同的操作过程而制成。”①

宣纸的质量在纸品中属上乘。“宣纸质地纯白细密、纹理清晰、绵韧而坚、百折不损，有‘轻似蝉翼白如雪，抖似细绸不闻声’之誉；光而不滑、吸水润墨、宜书宜画、不腐不蠹，有‘纸寿千年’‘纸中之王’之称。”②1964年，郭沫若参观泾县宣纸厂，特题词：“宣纸是中国劳动人民所发明的艺术创造，中国的书法和绘画离了它便无从表达艺术的妙味。”③艺术大师刘海粟也曾多次来泾县并多次题词：“纸寿千年，墨韵万变”“白如云、柔如棉”等。2001年5月，江泽民同志视察泾县宣纸厂并挥笔题词：“传承优秀文化，弘扬中华文明”④。多年来，众多学者著书立说，通过研究来进一步宣传宣纸这一特殊艺术产品。

宣纸还衍生出丰富多彩的加工产品，如以宣纸制成的扇面，深受消费者喜爱。在折扇上题字作画，使折扇在实用的基础上增添了文化情趣。还有一些特殊纸，在加工时加入植物花卉，特制成窗棂纸、灯笼纸，既含蓄又典雅。

（二）宣纸制品加工技艺

未经加工的手工纸，纤维毛孔粗大、纸质发松一直是其主要缺陷，此类纸如以毛笔蘸墨书写，发墨洇彩快，不利于书写美观。宣纸作为中国古代文房四宝之一并广受文人欢迎，极大程度上得益于宣纸制品加工技艺。宣纸制品加工技艺即以传统工艺对宣纸原纸进行研光、打蜡、染潢、

① 吴世新：《宣纸生产工艺与润墨》，《中华纸业》2008年第7期，第66页。

② 叶文成：《非遗里的安徽》，黄山书社2018年版，第203页。

③ 阚男男：《安徽宣纸、书法、篆刻》，吉林出版集团有限责任公司2014年版，第10页。

④《走进安徽》编委会编：《走进安徽（2010版）》，安徽人民出版社2010年版，第304页。

防蛀、染色、施胶、改型、改性等，使宣纸精细度、外观精美度等增强，同时达到扩展宣纸文化内涵效果的系列加工工艺。宣纸制品加工技艺是在宣纸制作技艺的延伸、发展基础上形成的独立工艺体系，融合了多方面的知识，蕴涵了丰富的文化因素。

宣纸制品加工技艺亦在泾县境内世代传承，其依托于宣纸制作技艺，与其相辅相成。不同于宣纸制作技艺，自然环境对宣纸制品加工技艺的限制性相对较小。

随着宣纸制作技艺的发展，宣纸制品加工技艺也逐渐得到发展，但一直作为宣纸制作技艺的附属物而存在。先后以泾县宣纸厂（今中国宣纸集团公司）的裱画车间、中国宣纸集团工艺品厂等形式存在，同时还衍生了泾县宣纸二厂浣月轩、泾县小岭宣纸厂裱画车间等集体加工经营企业。21世纪初，泾县出现了大量以安徽省泾县艺宣阁宣纸工艺品有限公司为代表的宣纸制品加工户，其成员通力合作、多方谋划，甚至将澄心堂纸、蠲纸等失传多年的加工纸名品复活。

现如今，宣纸制品加工技艺依然为宣纸制作技艺的重要支柱，在潜移默化中丰富了民众的物质文化生活、繁荣着传统文化市场、促进了书画艺术进步、传承着中华优秀传统文化。

（三）宣纸帘制作技艺

宣纸帘制作技艺是宣纸制作技艺的重要组成部分。宣纸作为文房四宝之一，名扬天下，其书写质量无可挑剔。宣纸良好的书写质量得益于其特殊的帘纹，宣纸帘是宣纸制作的基本器具之一，其为宣纸制作提供了基础保障，宣纸帘制作技艺的变迁与发展直接影响了宣纸的质量。宣纸帘因具有丰富的历史、文化、工艺、美学、经济价值而传承于世，其在泾县境内世代相传，与宣纸相互促进、共同发展。

纸帘是抄纸的重要工具，分为固定式和折合式两种。宣纸帘制作流程复杂，每一道工序都精细周密，采用的是精细的折合式纸帘，由可卷起的“帘子”和固定帘床两部分构成[①]。

宣纸帘制作技艺的命运同于宣纸制作技艺，它们几起几落，曾在困顿中坚守，又在社会大发展中崛起。1949年以前，宣纸帘制作技艺几乎绝迹。20世纪80年代后，因宣纸的大量生产，宣纸帘也迎来了生产的春天，宣纸帘制作业随着宣纸、书画纸产业的发展而得到了应有的重视。

（四）太平曹氏纸制作技艺

古宣州泾县西南方小岭一带为宣纸原产地。唐朝，政府在泾县邻近地设太平县，泾县与太平县同属宣州郡辖区。宋末元初，宣城泾县小岭曹氏始祖曹大山开始制作手工纸。清末，宣纸制作技艺开始向小岭以外地区传播，包括曹氏在内的部分制纸家族逐渐迁居于古太平县的新丰、新华、永丰（后简称“三丰”）、新明等地。“三丰”地区为冲积平原，适合长杆水稻的种植，新明的樵山盛产青檀树，为曹氏纸的制作提供了优质的原料——长水稻杆和青檀树皮。

由泾县小岭搬迁至太平地区的曹氏家族在宣纸制作技艺的基础上创造了太平曹氏纸制作技艺。太平曹氏纸制作技艺的每道工序、每件工具都十分考究，体现了中华优秀传统技艺对完美性的孜孜追求。与一般宣纸制作相比，其优点突出。如一般宣纸在将青檀树皮制浆碱煮过程中，会附带产生大量污染性极强的黑色液体。而曹氏制纸采用的是独特的厌氧处理法，既保证了纸张的质量，又能达到环保标准，不污染环境；曹氏纸制作技艺在国内首次将氧碱法运用在宣纸制浆技术上，如借助氧碱法提取檀皮浆、稻草浆等；曹氏纸制作技艺还有一项在国内亦处于领先地位的技术——草类制取书画纸浆。此项技术的使用，提高了草浆获得率。将青檀皮和稻草秆加工后混合打浆，再辅以植物胶充分搅匀，还可以弥补宣纸“捞一晒一”的缺陷，提高了产量；曹氏纸制作技艺还以钢板制“炕”，专门用于烘焙纸张，弥补了传统晒纸在江南梅雨季易受潮湿天气

① 王愿石：《传统宣纸帘艺之初探》，载《美术大观》编辑部编：《中国美术教育学术论丛·民间美术卷》(4)，辽宁美术出版社2016年版，第130页。

影响的缺陷。

四、皖南传统制砚技艺

（一）歙砚制作技艺

歙砚与广东肇庆的端砚、甘肃洮州的洮河砚、山西绛县的澄泥砚并称为中国四大名砚。歙砚尤为砚中上等珍品，以优质的石材、多元的表现手段、细腻的雕刻技法、深厚的文化底蕴闻名于世。艺术价值、收藏价值极高，其图案多以黄山胜境、新安风光、小桥流水或神话传说、名人逸事等为题材。

歙砚的全称为歙州砚，因其产于婺源龙尾山，所以又有人称其为婺源砚、龙尾砚。歙砚制作技艺历史悠久，始于唐开元年间。北宋唐积所著《婺源研图谱》中记载："婺源砚在唐开元中，因猎人叶氏逐兽至长城里，见垒石如城垒状，莹洁可爱，因携之归，刊粗成砚，温润大过端溪。后数世，叶氏孙持以与令，令爱之，访得匠手琢为砚，由是天下始传"[①]。五代时，因歙砚石质坚润、纹理缜密、贮水不涸、发墨如油，宜于书画、研磨，南唐后主李煜视之为"天下冠"，并在歙州设置"砚务"，擢升砚工李少微为"砚务官"，从此，歙砚身价扶摇直上[②]。宋代，歙砚制作技艺发展更快，品种日增，精砚层出不穷，其名色之多、质地之细、雕镂之工，居众砚之首。"'自元兵乱后，琢者日拙，识砚材者尤鲜。'明、清虽有产制，也有郑长青、叶壤、汪复庆等琢砚巧匠，然生产规模远不及唐、宋。……民国后期……砚台生产基本停止。"[③]中华人民共和国成立后，歙砚制作技艺得到政府支持，金星歙砚重新问世。歙县和婺源县先后成立了歙砚厂、工艺厂、文房四宝公司等，从砚石开采、产品制作到

① 婺源县志编纂委员会编：《婺源县志》，档案出版社1993年版，第305页。

② 叶文成：《邮票里的安徽》，黄山书社2016年版，第188页。

③ 婺源县志编纂委员会编：《婺源县志》，档案出版社1993年版，第305页。

装潢出厂，工种齐全，还发掘了“豆斑”“绿刷丝”“歙红”“紫云”等新品种。20世纪80年代中期以来，歙砚名列进入全国制砚行业前列[①]。2006年，歙砚制作技艺经国务院批准被列为国家首批非物质文化遗产名录。2007年，经文化部确定，安徽省歙县曹阶铭为该文化遗产项目代表性传承人，并被列入第一批国家非物质文化遗产项目226名代表性传承人名单[②]。

歙砚制作大致可分为三个阶段：

第一阶段是采石选材。歙砚价值的高低取决于石材品质的好坏，砚石选材有极高的技术要求，开采地点、开采方式都会影响歙砚的价值。为了采到上等砚石，采石工需常居山中。宋代诗人陈瓘曾作《歙砚诗》表达对采石人的怜悯之情：“歙溪澄湛千寻碧，中有崎嵚万年石。腰粗入水始能凿，一砚价直千金璧。”采石工即使经千辛万苦寻觅到上好石材，但为了保证砚石的完整性，只能用凿子、锤子慢慢开采，极其耗时伤力。歙砚制作技艺人得到完整的砚石后，还要凭借日积月累的经验，通过看、摸、敲、洗、磨、刻等技能，在特定的位置取出上好的砚料。

第二阶段是构思制坯。首先要设计粗坯，主要包括定型坯和自然坯。定型坯即依据特定形状设计造型，如长方形、正方形、圆形等。自然坯即胚石本身有巧夺天工之妙，可因势造物。以前此环节只能手工制作，十分费时费力。现如今，为提高效率，歙砚制作可借助车床、雕刻机、雕刻笔、手工锯、3D扫描仪及数码雕刻机等现代工具，但如把握不好，则会降低歙砚的艺术价值。

第三阶段是精雕细磨。以粗胚为基础，歙砚制作艺人在了解砚石的特性、形态、色泽、纹理等属性前提下，在实用性、审美性基础上有取有舍，做到在正式操刀前成竹于胸。万事俱备，再依据图纸精雕细琢，如条件允许可刻铭文、图章。雕刻过程中，艺人可依据石材的造型、强度，

① 程礼辉：《传统的歙砚，创新的技艺》，《文化月刊》2013年第5期，第89页。

② 陈克义，郭兵要：《文脉传承视域下的歙砚制作技艺保护与反思》，《创意与设计》2019年第3期，第48页。

变换刀法、刀速，以求就势掩疵，化有形之物为艺术之美。

（二）徽州漆砂砚制作技艺

徽州漆砂砚是以当地优质木料为内坯，以天然生漆为表层髹饰，这在一定程度上解决了传统石砚（如歙砚）矿产资源的有限性，另外，还避免了开采砚石对大自然产生破坏，低碳环保。徽州漆砂砚质地轻巧、漆砂细腻、坚固耐磨、造型美观，也是砚中珍品。其既可作为书画家书房中的使用物品，亦可作为艺术品被文人雅士置于案头。

漆砂砚制作对技术要求极高，其技艺曾因没有合适的继承人而数次失传，又因有志之士的出现而数次恢复。改革开放后，安徽黄山市屯溪区工艺厂老艺人俞金海，凭着独有的制砚天赋，虽遇重重困难，但经反复试验，最终重拾漆砂砚制作技艺，使世人得以重见漆砂古砚，俞老爷子也因此获“楚漆国手”之美誉。

（三）宣砚制作技艺

宣城市旌德县白地镇是宣砚制作技艺的发源地，其硬度居于端砚和歙砚之间，有易雕易发墨之特性。宣砚石质细腻，温润如玉，以黝黑为主。纹理主要有雨打墙、玄尘、罗纹、金星等[①]。宣砚制作技艺有采石、选料、制坯等十几道工艺。宣砚造型众多，最具代表性的有仿古类、随形类、套砚类、砚板类等。其中，随形砚为宣砚主体产品，将宣砚制作技艺因石施艺、天人合一的特性完美展现。宣砚雕刻手法主要为“薄意雕”，手法相当细腻。

① 郑乐:《浅谈宣砚的兴衰发展史》,《科教文汇(上旬刊)》2015年第8期,第152页。

第三节 皖南传统文房用品制作技艺的保护与传承

近年，皖南传统文房用品制作技艺受到重视，其中7项被列入国家级非物质文化遗产项目，8项被列入安徽省省级非物质文化遗产项目。但是，皖南传统文房用品制作技艺的传承仍然面临着人才匮乏、原料短缺、保护误区等困境。因此，要真正实现皖南传统文化用品制作技艺的保护与传承，应该从加强传承队伍的建设、调整大众媒体的作用、规范传统技艺的生产性保护等方面着手。

一、皖南传统文房用品制作技艺类非物质文化遗产保护现状

（一）国家级非物质文化遗产立项

截至2021年8月，安徽省登记的国家级传统文房用品制作技艺类非物质文化遗产共10项，皖南地区为7项。详见表4-1。

表4-1 皖南国家级传统文房用品制作技艺类非物质文化遗产

城市	项目名称
黄山市	徽墨制作技艺(黄山市屯溪区)
	徽墨制作技艺(黄山市歙县)
	徽墨制作技艺(宣城市绩溪县)
	歙砚制作技艺
	毛笔制作技艺(徽笔制作技艺)
宣城市	宣纸制作技艺
	宣笔制作技艺

（二）省级非物质文化遗产立项

截至2021年8月，皖南地区登记的省级传统传统文房用品制作技艺类共13项，皖南地区为8项。详见表4-2。

表4-2 皖南省级传统文房用品制作技艺类非物质文化遗产

城市	项目名称
黄山市	太平曹氏纸制作技艺
	徽州漆砂砚制作技艺
宣城市	宣笔制作技艺
	宣纸制品加工技艺
	宣砚制作技艺
	宣纸帘制作技艺
	徽墨制作技艺（古法油烟墨制作技艺）
	墨模雕刻技艺

二、皖南传统文房用品制作技艺的传承困境

当下，国家大力提倡传承和弘扬中华优秀传统文化，所以不断加强对非物质文化遗产的保护，为宣笔、徽墨、宣纸、歙砚等皖南传统文房用品制作技艺提供了更多的发展契机。但在现实传承中，皖南传统文房用品制作技艺仍然面临着很多困境。

（一）人才匮乏

宣笔、徽墨、宣纸、歙砚等皖南传统文房用品制作技艺是体力劳动和脑力劳动的结合，技术要求高，劳动强度大。因其制作工序复杂，学徒习艺周期长、难度大，且要求从业者对中国传统书画有一定的了解。所以皖南传统文房用品制作技艺面临着人才匮乏、后继乏人的困境。如宣

笔，年纪在45岁以上的从业人员居多，技艺较好的艺人，年龄均在50岁以上。30岁以下的从业人数不足5%，且总体从业人数每况愈下，形势不容乐观。针对此类现象，泾县专门出台了《人才管理激励办法》《技师、高级技师评聘办法》，通过贴补老艺人，引进新艺人来充实传承人队伍，但目前传承人队伍发展并不理想[①]。这是因为部分学徒没有吃苦耐劳的精神，稍遇困难便半途而废。还有部分学徒自私自利，从师父处学得皮毛功夫便另立门户。诸如上述的现象非常常见，导致传承人不敢轻易收徒，师徒传承模式时下很难推行，技艺的传承问题日渐突出。又如宣纸，其生产至今仍还保持着传统的手工操作方式，习艺周期相对较长，技术要求高，劳动强度大，苦、脏、累且工种多，但待遇相较其他行业的工人来说却一直相对较低。许多年轻学徒或耐不住寂寞、或被高工资所吸引而放弃继续学艺，最终导致宣纸行业技术人才常年缺乏，技艺传承难以为继[②]。再如歙砚，其制作技艺可谓鬼斧神工，虽易学但难精，一味照搬是难以有所造诣的，要学艺出师需花费大量精力，除了一些既感兴趣又有天分的学艺者外，一般人只能知难而退。

（二）原料短缺

皖南传统文房用品制作，一般就地取材。但或因部分传统原材料加工技艺失传，或因国家保护珍稀动植物相关规定，皖南传统文房用品制作技艺需要的很多原材料短缺，影响了技艺的传承。如宣笔之羊毫笔，笔尖原料以白山羊毛为原料，山羊毛的品种规格分类细且严谨，产地、季节、年龄段不同，规格也不同，羊毫的品质高低直接关系制笔的好坏。泾县也着手山羊养殖业，但养殖的山羊，羊毛短且光泽度不足，很难达

---

① 刘旭，樊嘉禄：《宣笔制作技艺传承及发展研究》，《安徽工业大学学报（社会科学版）》2019年第2期，第52页。

② 汤夺先：《论多工序性民间制作技艺类非物质文化遗产的传承——以宣纸制作技艺为例》，《文化遗产》2016年第2期，第4—5页。

到制作优质羊毫笔的要求[①]。又如宣纸，其生产原料主要为青檀皮、沙田稻草。“一亩青檀林能生产100余棵青檀树，并能形成1000余斤青檀干皮，将青檀干皮制作成皮料，按照25%比率折算，一亩青檀林能制作燎皮250余斤；一亩田能生产1000余斤沙田稻草，可以加工成草皮300至400斤左右，将草皮加工成燎草，按照15%比率折算，一亩沙田稻草能制作燎草45至60余斤。”[②]可见，宣纸生产会消耗大量的青檀皮和沙田稻草，而青檀树生长周期慢，加上当地长杆沙田稻种植面积减少，现如今，宣纸原料短缺现象极为常见。再如徽墨，传统徽墨制作原材料有松树、桐油、麝香、石楠木等，但是，现如今，制作徽墨的关键性原材料黄山松和制作墨模的最佳树种楠木都属于国家保护植物，所以原材料相当紧缺。

（三）保护误区

皖南传统文房用品制作技艺在实际保护过程中，出现了对技艺本身保护欠考虑，盲目重视生产的误区。一些原来纯手工制作的环节为机械化代替，样板式的机械生产，使得一些传统技艺名存实亡。如在经济利益驱使下，传统的宣笔制作技艺原真性保护容易被忽视，手工程序过分机械化，过于追求商品化和产业化，从而偏离了技艺传承、发展的初衷。又如宣纸，受机械化潮影响，当地一些宣纸工厂开始试验生产机械化抄纸——机制宣纸。机制宣纸虽节省了人力与时间，但最终却落得无人问津的地步。究其原因，整齐划一、生硬强制的机器生产，其产品只是“千纸一面”“灵气尽失”的纸品，不具有手工宣纸的灵性和独特气质，润墨性不理想且耐久性不足。而润墨性好、耐久性佳是宣纸固有的优势，也是其得以立世的法宝。如果这两个优势没有了，那么机制宣纸就不是真正意义上的宣纸，也就不存在对宣纸制作技艺的传承了。再如徽墨，在

① 刘旭，樊嘉禄：《宣笔制作技艺传承及发展研究》，《安徽工业大学学报（社会科学版）》2019年第2期，第53页。

② 戴健：《作为非物质文化遗产的宣纸制作技艺保护与传承》，《内蒙古大学艺术学院学报》2016年第3期，第105页。

经济利益驱使下，其部分不适用机器生产的工序，仍以机械化生产代替，产品失去了传统徽墨的原真性，技艺的核心价值也丢失。

三、皖南传统文房用品制作技艺的保护与传承

皖南传统文房用品制作技艺是皖南地区文化发展的佐证，它们的传承应是活态的，这不仅仅是一个名录、一个项目的申报就能完成的，需要数代技艺传承人的共同努力，需要依靠传承人作为媒介达到传播发展的目的。皖南传统文房用品制作技艺的传承要始终遵循它自身的发展规律，“从挖掘中吸取养料，不死守、不僵化、不无知、不迷茫、不轻薄、不走样……并结合时代，守正出新，弘扬光大”[①]。

（一）加强传承队伍的建设

虽然前文已述，皖南传统文房用品制作技艺面临人亡艺绝的境地。但随着当代媒体的宣传和非物质文化遗产进校园的推进，有部分年轻人对非物质文化遗产技艺感兴趣，愿意坚守。加强传承队伍的建设，首先，政府层面要加大对皖南传统文房用品制作技艺传承人的支持，改善工作环境，提高经济待遇，调动积极性，使其主动、充分发挥自身的聪明才智。其次，选择具有责任感和使命感的传承人。传承人的文化认同是先行条件。传承人在习艺过程中，要做到技艺和匠心的统一，要熟练掌握基本功，不断练习技艺、琢磨作品。在此基础上对作品创造性发挥，形成精益求精的工匠精神。最后，传承人在习艺过程中，不能盲目追求经济利益而放弃技艺的本真性，而要在继承的基础上提升技艺的文化内涵，培养审美能力，保持技艺的完整性并进行可持续传承。

（二）调整大众媒体的作用

大众媒体具有传播速度快、传播范围广、影响意义大等特点，我们可

① 茅天尧:《鼎边偶语》,浙江工商大学出版社2019年版,第192页。

以利用大众媒体的这些特点来推动非物质文化遗产的传承，为非物质文化遗产传播和认同提供平台。就皖南传统文房用品制作技艺传播而言，大众媒体应做到以下几点：首先，媒体在进行非物质文化遗产传播时，不应把着重点投射在人物故事上，而要对技艺本身有正确且深入的认识，触碰核心和本质，体味艺人的匠心积淀，注重艺人对造物的态度和世界观。其次，相关媒体人应对皖南传统文房用品制作技艺有一定的专业认知、技艺审美、真伪分辨能力。另外，在制作相关视频时，可使用一些现代科技，提高技艺的趣味性和可接受性。最后，正视媒体在非物质文化遗产传承方面的文化责任感和文化本真性功能。通过媒体对非物质文化遗产进行宣传，并不只是为了实现其经济价值，而是要使其成为民众感到自豪和自信的民族文化。

（三）规范传统技艺类非物质文化遗产的生产性保护

无论是采用生产性方式，还是产业化方式，都必须以非物质文化遗产项目的核心价值（原本的文化蕴涵）、核心技艺（不仅是技术）进行完整性保护为前提，而不是以牺牲其技艺本真性、完整性和固有的文化的底蕴[①]。皖南传统文房用品制作技艺的生产性保护，并不是要求制作过程要纯手工，而是要守住核心技艺及其历史文化积淀。以宣纸制作技艺为例，对其进行保护，核心不是宣纸产业，而是保护制作宣纸的技艺。宣纸制作当然可以借助现代科技手段进行技术改造和技术创新。在农耕时期，宣纸的重要原料沙田稻草收割，依靠手工挑选符合宣纸制作标准的稻草；传统收割机出现后，稻草都被绞断，无法收割符合宣纸制作标准的稻草；传统收割机技术改造后，收割的稻草符合宣纸制作标准。一定程度上解决了宣纸制作劳动力缺失问题。对于宣纸制作技艺的一些核心环节，却应该保持传统方式，真正实现技艺的保护。再以徽墨为例，传统徽墨为艺人亲手制作，既是徽墨制作技艺的物化，又是艺人对徽墨制作技艺的

① 刘锡诚：《“非遗”产业化：一个备受争议的问题》，《河南教育学院学报（哲学社会科学版）》2010年第4期，第6—7页。

艺术感悟，沉淀了艺人的历史文化内涵，这就决定了徽墨制作技艺不能完全为现代制造业代替。只有保证徽墨制作技艺的活态传承，限制一小部分无关紧要的工艺可为机械替代，才能对其进行真正的生产性保护。

第五章　用——皖南传统生活器物制作技艺

皖南传统生活器物制作技艺分为基本生活器物制作技艺、精致生活器物制作技艺和计时定位器物制作技艺。这些技艺具有世代传承性、相互依存性、工艺复杂性和应用广泛性等特征，还具有文化传承、艺术审美、经济实用和收藏观赏等价值。现如今，皖南传统生活器物制作技艺的传承面临传承人培养难度大、民众认知度偏低、产品创新意识弱等困境，需要加强相关文化生态保护、开拓更多人才培养途径、吸引不同层次消费者等，实现真正意义上的传承。

第一节　皖南传统生活器物制作技艺概述

一、皖南传统生活器物制作技艺相关概念

（一）徽州漆器

中国古代工艺品在创作之初，一般选择木、竹为胚。制胚成型后，以漆液多次反复擦拭，再根据具体情况进行雕刻、镶嵌，五颜六色的贝壳、夜光海螺、云母片等均可作为镶嵌材料。漆器工艺历史悠久，远在周代，中华大地上就已出现漆器。汉代，漆器工艺得以一定程度的发展。漆器工艺经历代传承、创新，出现了很多雅致美观的精品，并因此而享誉世

界。漆木家具、屏风等是现如今较为常见的大型漆器制品。经裱糊、披麻、挂麻、挂灰、光漆、打磨等工序制成漆胎，然后依照造型及设计要求使用不同的装饰技法，如彩绘、上灰、雕填、贴金、堆漆等[①]。漆器作为中国古代工艺装饰器具，代表着传统工艺品的精髓。其用料考究，做工精细，造型典雅自然，有着鲜明的中华文化特色。

徽州漆器是中国古代漆器的典型代表，亦为古徽州著名传统工艺品，漆器雕刻是其最引人注目的特色。徽州漆器制作历史久，技艺精巧，注重髹饰，玲珑华美，地域风格浓郁。以木为胎，用生漆、砖灰、麻等制成各种胚料，绘图案于胚体上，再经雕刻、上色等工艺，最终制成徽州漆器。宋代，古徽州地区已开始生产螺钿漆器，清代，已演绎为彩漆雕刻，且在当时负有盛名。雕花图案内容繁多，有花卉、飞禽、走兽、山水、人物和各种神话历史故事等。产品有桌、柜、盘、盒和屏风等。

（二）罗盘

罗盘是指南针和方位盘的联合体，亦称罗经盘。指南针发展史上的一大飞跃，就是将指南针、地盘合二为一，再依据方位盘上的位置，使指南针实现精确定向。纵观关于罗盘的古代文献，最早记载应见于南宋曾三异的《因话录》一书。“这种罗盘已经懂得应用磁偏角知识，在方向盘的二十四向中，不仅有子午正针（以磁针确定地磁南北极方向），还有子午丙壬间的缝针（以日影确定的地理南北极方向），二者的夹角，就是磁偏角。最早出现的这种罗盘是北宋年间使用的水罗盘，就是将磁针穿在灯芯里浮在水面上定向，明代嘉靖年间便出现了用钉子支撑磁针的旱罗盘。”[②]诞生于古徽州休宁县万安镇万安老街的万安罗盘，在吸收中国传统罗盘制作技艺精髓的基础上，不断精进，承载着丰富的中国传统文化知识，被视为罗盘之正宗。

① 卢德平:《中华文明大辞典》,海洋出版社1992年版,第792页。

② 周伟洲,丁景泰:《丝绸之路大辞典》,陕西人民出版社2006年版,第323页。

（三）日晷

日晷又叫日规，古代观测太阳影子以定时刻的一种天文仪器。“晷”的古义为太阳影子，“圭表”是日晷的最初形态。明末，多种其他方向晷面的日晷才传入中国，在此之前，日晷大多数为赤道式，还有少量地平式[①]。“它由晷盘面和晷针构成，晷盘是刻有时刻线的盘，中心装有与盘面垂直的针。赤道式日晷的晷盘倾斜装在基座上，晷盘表示天赤道，而晷针穿过中心，与地平面所夹的角度等于当地纬度。晷盘的两面周围各刻子、丑、寅、卯、辰、巳、午、未、申、酉、戌、亥十二时辰；春分以后看向南一面，秋分以后则看背面；晷针影子随太阳运行而移动。每个时辰又为‘时初’和‘时正’，针影投射在刻度盘上不同位置表示不同时刻，针影投射在正下方为‘午正’时刻。”[②]赤道式日晷最具代表性的作品是：现存于故宫博物院太和殿前的清代日晷和北京古观象台晷影堂南面的日晷。皖南地区的吴鲁衡日晷制作技艺，是中国古代日晷制作技艺的杰出代表之一，既能测定时辰，但又能测算风水，是当地的“风水三宝”之一。

（四）龙窑

龙窑是古代的一种陶瓷窑炉，其可往前追溯到商朝。明代以前，江苏、浙江、广东、福建、江西和湖南等地的产瓷区，均广泛采用龙窑烧制瓷器。“龙窑多依山坡或土堆倾斜建造成一长隧道形窑炉，窑头有预热室，窑尾一般不设烟囱，因龙窑本身就起着烟囱的作用。窑长20～80米，宽1.5～2.5米，高1.6～2米。横断面积以窑头最小，中部最大，窑尾大于窑头而小于中部。顶部有投燃料的孔[③]。升温快、降温快是龙窑最大的优

---

①《中国历史大辞典》编纂委员会编:《中国历史大辞典》(上卷),上海辞书出版社2000年版,第438页。

②《中国历史大辞典》编纂委员会编:《中国历史大辞典》(上卷),上海辞书出版社2000年版,第438页。

③ 宁钢,吴秀梅:《南方龙窟》,江西美术出版社,2017年版,第124页。

点。宁国龙窑制陶技艺历史悠久，是皖南地区利用龙窑烧制陶瓷的代表性技艺。

（六）失蜡法

失蜡法是中国古代最重要的铸造工艺之一，当代，其学名为熔模铸造。“其原理是用蜡制成与铸件相同的模，外敷以造型材料，成为整体铸型，加热将蜡化掉，形成空腔铸范，浇入液态金属，冷却后即可得到成型铸件。”[①]出土于河南淅川的春秋晚期铜禁和铜盏，是中国现存最早的失蜡铸件。春秋失蜡铸件的出土，正好印证了最迟在春秋晚期，匠人们已能够借助失蜡法制造精美青铜器的细密构件。失蜡法无论用来铸造纹饰精细的小型铸件，还是铸造形制复杂的器件，都能交出完美作品。铜陵的中国传统失蜡法继承了古代失蜡法的精髓，并在此基础上开拓创新，被广泛应用于铜工艺品的创新生产中。

二、皖南传统生活器物制作技艺的特征

皖南传统生活器物制作技艺历史悠久、世代相传，与皖南地区其他技艺之间既相互依存又相互影响。皖南传统生活器物制作技艺与皖南地区其他技艺一样，是艺人们在长期生产生活经验基础上形成的，与人们的生活息息相关。具有世代传承性、相互依存性、工艺复杂性和应用广泛性等特征。

（一）世代传承性

皖南传统生活器物制作技艺具有世代传承性，一般为父传子或叔传侄，宗族内传承。如万安罗盘制作技艺，据《吴氏家谱》记载，创始人吴鲁衡幼年被送到了万安镇的“方秀水罗经店”当学徒，很快就学有所成。之后，吴鲁衡离开“方秀水罗经店”，于雍正元年（1723年）在万安

① 刘乾先:《中华文明实录》,黑龙江人民出版社2002年版,第89页。

上街创立了自己的店，凭借其精湛的制作工艺、独门的技术手法，逐渐发展至当时最出名的罗经店。后吴鲁衡将技艺传给其子吴光煜（字涵辉），世代相传，其五代传人吴毓贤与其长子吴慰苍合制的日晷，获得巴拿马万国博览会金牌奖章。20世纪80年代后，其第七代传人吴水森将罗经店重新开张。现如今，万安罗盘制作技艺的传人已传至第八代吴兆光[①]。又如后山剪刀制作技艺，一直以来都是“传男不传女，传内不传外”。后山剪刀制作技艺传承人张尚志17岁就跟随父亲学习打剪刀，已经做了几十年的剪刀，他的侄子只有15岁的时候就拜他为师。

（二）相互依存性

皖南传统生活器物制作技艺与中国传统文化的很多方面息息相关，与皖南地区其他技艺间具有相互依存性。如万安罗盘制作技艺，集书法、雕刻、风水文化等于一体，要求手艺人既要有一定的坤舆知识，又要在书法方面有一定造诣，还要从徽州传统雕刻技艺中取经。又如徽州漆器髹饰技艺还被广泛用在徽笔、徽墨、歙砚等文房用品上。再如后山剪刀中的宣纸剪，因宣纸而生，其方头大剪，沉重锋利，主要用于宣纸制作技艺中纸张检验后对纸张进行裁剪规整，被誉为“天下第一剪”。还如青阳生漆夹纻技艺，其形成于佛教圣地九华山所在地青阳县，长期受佛文化浸染，加上技艺自身的优点，被广泛用于制作石像雕塑，也促进了佛文化的发展。

（三）工艺复杂性

皖南传统生活器物制作技艺步骤多、流程杂。以徽州漆器髹饰技艺为例，“在螺钿镶嵌中，漆器艺人将贝壳根据制作需要磨成薄片，并依照预先设计好的图案花纹将其锯成各种大小不一的形状，接着把它们拼贴在漆坯上，然后再上一层灰底，表面涂抹上一层光漆，经过打磨、推光使

① 过天翊，宋婵娟：《安徽万安罗经的审美特色及艺术文化价值浅析》，《西昌学院学报（自然科学版）》2016年第1期，第93—94页。

漆面光滑平整，最后在螺钿上雕刻纹饰。”[①]又如万安罗盘制作技艺，工艺精细、流程复杂，有选料、制坯、分格、清盘、写盘、油货、装针等步骤，尤其是装针最为关键，包括磁化钢针、测定磁针重心等[②]。再如后山剪刀制作技艺，要经历24道工序，锤打1000多次才能完成。还如青阳生漆夹纻技艺，是漆艺中难度系数最高的制作工艺，需经泥塑制胎、逐层裱褙、去除泥膜，上灰底、打磨、髹漆贴金、推光、装饰纹样等工序，方可制成外表光亮如镜且绚丽多彩的夹纻艺术品。

（四）应用广泛性

皖南传统生活器物制作技艺与人们的生活息息相关，应用于社会生活各个方面。如徽州漆器髹饰技艺，明代中期至清中期最为繁盛，从亭台楼阁、桌几匣厨，到文房雅玩、生活器皿等都用到了漆饰。徽州漆器既有精致华美器物，又有普通生活器具，可见徽州漆器髹饰技艺应用范围之广泛。又如后山剪刀，口薄头尖，有凹口，钢韧锋利，硬可断铁，软可剪棉，易修易磨，经久耐用，其品种多，有民用剪、宣纸剪、桑剪、笔杆剪、焊剪等，普遍用于农事、制衣、女红等方面。再如万安罗盘，有三元盘、三合盘、综合盆、玄空盘、朱子盘、易盘等种类，按罗盘盘面大小又分为大小尺寸不等的罗盘。就万安吴鲁衡罗经老店生产的罗盘来说，其大小一般从2英寸到3.5英寸、4英寸、4.5英寸、5英寸、5.5英寸、6英寸、6.5英寸、7英寸再到2尺等几十个大小不同的规格。由于每种罗盘的圈层不相同，少则三层多则四十多层。盘形较小的罗盘方便携带，盘型较大的罗盘相较中小型罗盘盘面圈层更多，书写的相关内容也更多[③]。还如太平府铜壶制作技艺，上可制成容量为百公斤以上的特大件铜壶，下可制成玩于股掌之间的袖珍型铜壶，应用范围也很广。

---

① 岳金凤：《徽州漆器的制作工艺与艺术特色研究》，安徽大学2017年硕士学位论文，第34—35页。

② 方啸，樊嘉禄：《万安罗盘制作工艺及其传承研究》，《黄山学院学报》2017年第4期，第18—19页。

③ 孟俊峰：《万安罗盘的制作工艺与传承研究——以吴鲁衡罗经老店为中心》，安徽大学2016年硕士学位论文，第25页。

三、皖南传统生活器物制作技艺的价值

皖南传统生活器物制作技艺文化底蕴深厚，具有传承价值；器物造型优美，极具艺术审美价值；产品经济实用，拥有市场潜力，具有经济实用价值；工艺精致细腻，极富收藏观赏价值。

（一）文化传承价值

皖南传统生活器物制作技艺蕴涵着丰富的历史、文化内涵，具有文化传承价值。如徽州地区历来风水堪舆文化兴盛，万安罗盘应运而生，万安罗盘在一定程度上体现了人与自然的和谐，是对中国传统地理文化的一种传承。正是因为风水堪舆文化对择地、建筑等方面的渗透，我们才能遇见今天山水相间、粉墙黛瓦的徽州古村落群。更值得注意的是，罗盘虽然一直被人们当作封建迷信附属物，但其文化价值不容小觑，以中国古代磁性指南技术为根基，包罗万象，涵括易学、古天文学、地理、阴阳等多种中国古代文化知识，其作品可谓是工艺精度和哲学高度兼具的艺术品。又如徽州漆器髹饰技艺，其传承人甘而可恪守传统髹饰工艺法则，他认为每个髹饰工艺都环环相扣，相互影响。对技艺文化要有虔诚之心，以追求工艺的极致为终极目标。甘而可的漆器作品，灵感源于唐宋造型，线条曲直规矩、方圆有度，力求精准阐释作品之美感、韵味。为达到技艺的极致，漆器盒盖口处更是严丝合缝，追求收放自如的外形曲线、挺拔精神的拐角处直线。其作品《犀皮漆菱花形大捧盒》（取材于唐代金银器），盒盖虽四向开合却无任何误差，很好地展现了盛唐风范①。再如博望打铁工艺，如今从作坊式手工业向现代化制造业迈进，与传统工艺融合，诞生了富有博望个性特色的新铁艺和铁艺文化。还如明德折扇，在不足盈尺的扇面上经丹青高手巧运匠心，精心布局，或山水花鸟，

① 林岩:《漆彩流韵——徽州甘而可的漆器艺术》,《艺术评论》2017年第5期,第99—100页。

或人物动态，无不小中见大，表现出美的情致和神韵[1]。扇面有细洒金、雪金、格巾、发簪、老矾面、泥金面等，这些扇面都成为书画家的用武之地，挥毫泼墨，文化传承价值明显。

（二）艺术审美价值

皖南传统生活器物制作技艺承载了太多内涵，是皖南地区艺术的具体表现之一。如万安罗盘，可以说是凝聚了徽州文人、商人、手工艺人及普通民众共同审美文化的民间艺术品，它既集漆艺、书法、木艺艺术于一体，又涉及易学、古天文学、地理等。又如徽州漆器制作技艺，其描金、嵌螺钿、雕漆、竹编等工艺，体现了明清时期徽州卓绝的髹漆技艺。漆器装饰图案有缠枝花草、历史典故、神话传说、文人雅集、龙凤祥瑞等题材，从中可以感受到百姓对科举功名的重视、对健康长生的渴望和对现实生活的热爱等情愫[2]。徽州漆器制作技艺之作品，具有重要的艺术审美价值。再如大九华水磨玉骨绢扇制作技艺，其制作的扇面造型式样各异，有鱼尾式、花瓶式、波浪式、翻楞式、挖肩式、排长式。扇面图案丰富，有人物、山水风景、花鸟虫鱼等，绘画形式多样，有水墨写意画、工笔画等，极具艺术审美价值。

（三）经济实用价值

皖南传统生活器物制作技艺不仅具有文化艺术价值，还在某种程度上满足了民众的现实需求。乃至当代，其仍然有着市场需求，具有实用价值。比如，万安罗盘是徽州民众在传统罗盘基础上制作的具有指向观测、堪舆占卜等功能的实用仪器，在科技不甚发达的年代极为盛行，在民众日常生产生活中具有重要价值。现如今，万安镇罗盘店手工制作的罗盘，主要作为纪念品出售给游客，为当地创收，这在一定程度上促进了当地经济发展。又如徽州漆器制作技艺，因徽州盛产漆树，当地先民就地取

① 许勤华：《博物馆之城》，杭州出版社2014年版，第320页。

② 吴艳：《安徽博物院藏徽州漆器精品赏析》，《艺术品》2015年第12期，第91页。

材，将其汁液用于器皿、家具等。当代，徽州漆器既被用于日常生活用品，如果盘、果盒、花瓶、酒杯、茶盏、茶叶罐、扇柄、茶几等，又被用于笔筒、印盒、墨床、笔杆、棋盘、镇纸、臂搁等文房用品。可见，徽州漆器制作技艺的实用性很强。再如太平铜壶制作技艺制作出来的铜壶烧水快、无异味、使用寿命长；后山剪刀易修易磨、经久耐用；泾县油布伞制作技艺所制雨伞，防水性好、精致牢固、抗风、经久耐用且绝缘防雷。这些皖南传统生活器物制作技艺均具有重要的经济实用价值。

（四）收藏观赏价值

皖南传统生活器物制作技艺之产品，因悠久的历史文化、精美的工艺，极富收藏观赏价值。如万安罗盘的观测指向功能、堪舆风水功能，现如今已成为过去式，其更多作为一个文化符号被接受、传承，作为艺术品、纪念品被收藏。又如徽州漆器制作技艺，徽州漆器的国家级传承人甘而可精心制作的《红金斑犀皮漆大圆盒》，在2010年第十一届中国工艺美术大师作品暨国际博览会上，因格调高雅不俗、造型饱满圆润、色彩富丽鲜亮、肌理丰富多变，荣获“天工艺苑百花杯”中国工艺美术精品的金奖，并被北京故宫博物院永久性收藏[①]。

第二节　皖南传统生活器物制作技艺种类

皖南传统生活器物制作技艺按其特征，可分为基本生活器物制作技艺、精致生活器物制作技艺和计时定位器物制作技艺。基本生活器物制作技艺源于生活、用于生活，包括金属类生活器物制作技艺、陶瓷类生活器物制作技艺和其他材质类生活器物制作技艺。精致生活器物制作技艺修饰生活、美化生活，包括漆器类生活器物制作技艺、雅扇类生活器物制作技艺和铜器类生活器物制作技艺。计时定位器物制作技艺上窥天

① 岳金凤:《徽州漆器的制作工艺与艺术特色研究》,安徽大学2017年硕士学位论文,第18页。

文、下呈地理，主要包括吴鲁衡日晷制作技艺和万安罗盘制作技艺。

一、基本生活器物制作技艺

皖南基本生活器物制作技艺与普通民众生活密切相关，主要有金属类生活器物制作技艺、陶瓷类生活器物制作技艺和其他材质类生活器物制作技艺，具体包括太平府铜壶制作技艺、博望打铁工艺、后山剪刀制作技艺、徽州手工瓷制作技艺、宁国龙窑制陶技艺、榔桥木梳制作技艺和泾县油布伞制作技艺。

（一）金属类生活器物制作技艺

1. 太平府铜壶制作技艺

唐中期，当涂县境内已有制作紫铜壶的记录。元至正十五年（1355年），朱元璋自采石渡江，经太平路（当涂），将太平路改名太平府。自此，当涂所产紫铜壶均刻有“太平府”标记，称“太平府铜壶”。“太平府铜壶”历史悠久，且种类繁多，以“火烧心”为极品[①]。

太平府铜壶为纯工制作，先依据样图精心剪裁，再拼接成型，此过程必须严丝合缝，最后再进行烧焊、抛光。其制作工具简单实用，有大小铁锤、铁砧、剪刀等。其轻重、厚薄都有严格要求，制作工艺独特，七八厘米厚的铜板，经千锤万击，能被打制成不足三毫米厚的薄片。太平府铜壶的规格、造型不一，有一百多公斤容量的特大件，也有可把玩于手掌的袖珍型。民国初年，芜湖举办铜壶展评，太平府铜壶凭借优美的造型和精湛的工艺而雄居众壶之首[②]。

2. 博望打铁工艺

博望打铁工艺历史悠久，明万历年间，农忙种田、农闲外出打铁的小农生产经营模式已在当涂县博望镇初具规模。时有民谣：“博望打铁匠，

① 杨果：《安徽省首批非物质文化遗产名录图典》，黄山书社2008年版，第137页。

② 杨果：《安徽省首批非物质文化遗产名录图典》，黄山书社2008年版，第137页。

挑担闯四方。制下刀和剪，刃口泛青光”[①]。清乾隆年间，博望打铁工艺更上一层楼，有“芜湖的剪子，博望的刀”的说法。清末民初，博望打铁艺人还成立了铁业旅外同乡会。博望打铁工艺虽满足了当地民众的需求，但又受小农经济所限，其一直难以突破菜刀、剪刀、农具等民用刃具范畴。

随着时代发展、科技进步，民众的日常生活发生了翻天覆地的变化，其对生活用品的需求也发生了变化。得益于科技的发展，博望打铁工艺经历一次次升华，逐渐突破民用范畴，向工业机械制造转型，现代化制造业逐渐代替了作坊式手工业。现代制铁技术与传统技艺的有机融合，催生了极具博望当地特色的新铁艺和铁艺文化。现如今，博望镇共有大小铁制工业企业数百家，被誉为“中国刃具之乡”“中国剪折机床第一镇”。

3.后山剪刀制作技艺

剪刀是民众生产生活之必需品。宋代末年，后山剪刀制作技艺诞生于泾县丁家桥镇后山村，其出现与宣纸制作技艺中的剪纸技艺密不可分。剪纸，是宣纸制作技艺中的重要环节，主要工具为剪刀。宣纸制作技艺中的剪纸环节最开始主要使用沉重的方口剪刀，为了提高剪纸效率，口薄头尖的后山剪刀应运而生。后山剪刀品种繁多，有宣纸剪、民用剪、桑剪、笔杆剪、焊剪等。后山剪刀在最鼎盛时期，民用剪年产量达两百多万把。

后山剪刀制作技艺仅在家族内世代相传，其工序复杂，需经20多个步骤，方有成品。后山剪刀最具代表性的是宣纸剪，其头方剪大、虽沉重却锋利，在宣纸纸张检验结束后，对纸张进行裁剪规整，有“天下第一剪”之美誉。民用剪一般被用于农事、制衣、女红等，钢韧锋利，有硬可断铁、软可剪棉、易修易磨、经久耐用等特征，是民众生产生活之必备用具。

---

① 刘寿如:《黄山风光游》,河南科学技术出版社2004年版,第78页。

（二）陶瓷类生活器物制作技艺

1.徽州手工瓷制作技艺

祁门位于黄山西麓，山岭众多，气候宜人，陶瓷生产可全年进行。祁门境内地壳多为石英班岩脉，蕴藏着丰富的瓷土矿资源，祁门瓷土开采历史悠久，从唐朝起就供应景德镇。祁门生产瓷器始于何时，今已无考，但最迟在明代。明代，瓷器生产已成为部分祁门人的主要营生。清康熙年间，祁门已批量生产瓷器。祁门瓷土层次高、功能优，历来被称为瓷器制造之“天然配方”。清末，慈禧太后于景德镇所得御床（烧制），其原料即源于祁门东乡庄岭，庄岭矿也因此得名“太后坑”。祁门瓷土因此更加声名鹊起，先后获得1909年南洋劝业会大奖、1915年巴拿马万国博览会银奖。中华人民共和国成立后，徽州手工瓷秉承继往开来的理念，祁门瓷土厂、祁门瓷厂、阊江瓷厂、太后瓷厂、金字牌瓷厂、赤山瓷厂和箬坑瓷厂等瓷厂应运而生，这些企业披荆斩棘，在加工瓷土基础上生产瓷器，从生产粗瓷、普瓷着手，不断探索，研究日用瓷、高档艺术瓷制作，闯出了一条自力更生的发展瓷业之路①。

得益于品质优异的祁门瓷土和技艺精湛的手工艺人，徽州手工瓷品种丰富、花色众多、造型别致。1972年，徽州手工瓷代表作品——双龙竹节杯问世，其外形典雅别致，构思新颖。20世纪80年代，祁门瓷厂曾为北京人民大会堂安徽厅精制过一批青花艺术瓷和描金的迎客松花瓶、茶具，胎体晶莹、造型新颖、美观大方，充分展现了祁门瓷器的风采②。

2.宁国龙窑制陶技艺

宁国龙窑傍山而立，因其外形远观似斜卧于小山坡的龙而得名“龙窑”。宁国龙窑自然通风，燃料以松枝、杂柴为主。主要烧制的大件有缸、坛、花钵、瓮，小件有陶器盆、钵、壶、罐、坛、炉等。明清以来，宁国株木店一直依靠龙窑烧造陶瓷且从未间断。《宁国县志》亦记载：

---

① 胡建斌，李文青：《徽州技艺·祁门县卷》，合肥工业大学出版社2013年版，第66—68页。

② 胡建斌，李文青：《徽州技艺·祁门县卷》，合肥工业大学出版社2013年版，第67页。

“宁邑北株木店，向产紫泥，可制缸、罐、坛、瓦罐等瓷器，行销内河各埠。”①

宁国龙窑制陶技艺坚持传统制作方法，主要有以下三种：盘筑成型，这种方法可追溯到良渚时期，手工捏制成型法因简单易行，被普遍采用，多用于捏制小件产品；大件产品则不能用手工捏制成型法完成，所以采用盘筑成型法。捶打成型，即依据制作产品具体需要，先制作泥团，再制成长方形或圆形的泥墩。此类泥墩便于保存，需要时，根据制作产品需要的厚度调适锯弓，将泥墩拉成泥片，置于松树制成的泥凳上，再用松树制作成各种榔头，进行捶打，将泥片捶打得厚薄、密度一致，即能制作产品。打片成型，这是制作大件产品的特殊技艺，第一步即制作泥墩。因为是制作大件产品，泥墩要求大而实，将泥料拉成大片后，捶打均匀，划成制作产品所需尺寸，再制作公母介头，需两人配合接对，随后将接头部位捶打结实，待坯体有一定的硬度时再进行下道工序②。

宁国龙窑制陶技艺制作出来的紫砂陶工艺产品曾选送6只大型紫砂花盆，陈列于北京人民大会堂安徽厅③，部分产品还被北京故宫博物院、中央美术学院和浙江美术学院收藏。宁国龙窑陶器远销海内外，1982年，曾出口1046件产品至新加坡、马来西亚等国家④。近年，有着较强生命力的宁国龙窑制陶技艺所在地——株木店陶业凭着极强的生命力，发展形成一定规模。还带动了株木店、凉亭、灰山一带的陶瓷业发展，当地陶瓷厂如雨后春笋般涌现。

（三）其他材质类生活器物制作技艺

1.榔桥木梳制作技艺

梳子自古就是人们日常生活的必需品，《木兰诗》中就有“脱帽著头”

① 宁国县地方志编纂委员会编纂：《宁国县志》，生活·读书·新知三联书店1997年版，第251页。

② 顾云尚：《论宁国龙窑的历史和技艺》，《陶瓷研究》2018年第125期，第9页。

③ 马莎：《探究宁国龙窑文化的传承及保护的价值》，《陶瓷》2021年第2期，第52页。

④ 马莎：《探究宁国龙窑文化的传承及保护的价值》，《陶瓷》2021年第2期，第51页。

“当窗理云鬓”等诗句。榔桥木梳因诞于泾县榔桥镇，故名榔桥木梳。榔桥木梳制作技艺历史悠久，在当地及周边地区颇具盛名，技艺认同度高。

黄杨木、檀木、桃木、梨木、沉香木、枣木等天然名贵木材，均可作为制作榔桥木梳的原料，其中黄杨木自古是制梳首选。榔桥木梳造型别致，色泽自然，梳齿流畅光洁。因以木料为主材料，榔桥木梳不带静电，对头皮、头发无伤害，如坚持使用还能促进头部的血液循环。榔桥木梳制作技艺精湛，制作一把传统的榔桥木梳，需经选林、煮坯、开齿、雕刻、髹漆、抛光等工序，产品远销海内外。

2. 泾县油布伞制作技艺

泾县有着悠久的制伞历史，早在宋元时期泾县油布伞就有了记载，明清时期，泾县制伞业发展迅速并形成一定的规模，最为著名的制伞地有孤峰、榔桥、茂林等。尤其是孤峰，其不仅制作雨伞，还是皖南制伞业原材料的集散地。当地谚语称：章渡的干子孤峰的伞，黄田的姑娘不用拣。可见孤峰制伞在当地名气之盛。

泾县油布伞制作技艺，伞骨多选取当地朝阳山冈中五年以上老毛竹，伞芦也精选上等硬材，再将天然的桐油及辅料混合，熬制后再涂于伞面。经过泾县油布伞制作技艺制作的油布伞，不仅防水抗风、精致牢固，且绝缘防雷、经久耐用。泾县孤峰油布伞还被誉为“中国民间伞艺的活化石”。

二、精致生活器物制作技艺

皖南精致生活器物制作技艺制作的产品能够美化日常生活，具有极高的装饰欣赏价值。主要分为漆器类生活器物制作技艺、雅扇类生活器物制作工艺和铜器类生活器物制作技艺，具体包括漆器髹饰技艺（徽州漆器髹饰技艺）、青阳生漆夹纻技艺、大九华水磨玉骨绢扇制作技艺、明德折扇制作技艺和中国传统失蜡法。

（一）漆器类生活器物制作技艺

1.漆器髹饰技艺（徽州漆器髹饰技艺）

徽州物产丰富，盛产漆树，而漆树汁正是漆器髹饰技艺的原材料。早在唐代，徽州就以漆器闻名，当地民众熟练掌握种植漆树、采取漆汁等技能。南宋罗愿《新安志》可证："漆则诸邑皆有之，山民夜刺漆，插竹笕其中，凌晓涓滴取之，用匕刮筒中，磔磔有声，其勤至矣。岁旱则益少，天时雨汁则又不佳。"[①]徽州漆器中的螺甸漆在宋时被誉为"宋嵌"，菠萝漆在南宋时曾作为贡器。徽州漆器使用的原材料主要有生漆、桐油、木材、麻布、贝壳、各种天然色彩的玉石、金粉、金箔、金丝以及牛骨、瓦灰、棉纸、猪血等[②]。

明清时期，随着徽州商帮的强大，加上文人雅士的推崇，徽州漆器制作技艺发展达到顶峰，尤以徽州吴氏漆工为最，其在髹饰制作工艺上造诣极深。明方以智《物理小识》中说："近徽吴氏漆，绢胎鹿角灰磨者，螺甸用金银粒、杂蚌片成花者，皆绝，古未有之。"[③]清代，徽州漆器髹饰技艺仍保持较高水平，彩漆雕刻、漆砂砚工艺也发展起来。使用徽州髹漆技艺制作的楹联、匾额，亦为徽文化中的一朵奇葩。

徽州漆器髹饰技艺注重镶嵌、刻漆、描金彩绘、磨漆等工艺过程，是明清时期富商大贾、文人雅士追求精致完美生活的表现。时人的文房居室多有漆器陈设摆件，即使平常百姓家庭的日用器物，亦以髹漆为饰，充满文化情趣，形成了以精雅为特色的艺术风格[④]。明清时期，因徽州商帮大量于扬州经商，众多徽州漆器艺人亦随行到扬州，衍生出著名的扬州漆器工艺。民国开始，屯溪逐渐成为徽州地区政治、经济、文化中心，众多传统技艺艺人转移至屯溪发展，漆器技艺亦在其列，屯溪逐渐成为

---

① [宋]罗愿撰，萧建新、杨国宜校注：《〈新安志〉整理与研究》，黄山书社2008年版，第61页。

② 杜云生，王军利：《中国民间美术》，河北人民出版社2013年版，第168页。

③ 曹天生：《徽商文化》，合肥工业大学出版社2017年版，第118页。

④ 林岩：《漆彩流韵——徽州甘而可的漆器艺术》，《艺术评论》2017年第5期，第98页。

漆器技艺传承的中心。1959年是徽州漆器髹饰技艺的荣誉之年，屯溪工艺厂数位老漆工远赴北京，参与人民大会堂安徽厅内部漆画屏“百子图”的设计和创作。随后，徽州漆工甘金元、俞金海研究并试制出久已失传的螺钿镶嵌、犀牛漆、漆砂砚等徽州漆器髹饰技艺①。

2. 青阳生漆夹纻技艺

青阳县地处皖南山区，隶属安徽省池州市，是安徽省重要的苎麻产地，麻纺织业较发达。同时，青阳境内九华山为我国四大佛教名山之一，当地民众多受佛文化浸染。因以生漆夹纻技艺制作的漆器质地轻便，又造型丰富多变，且坚固美观，当地艺人因地制宜，多以生漆夹纻技艺制作佛像雕塑。

青阳生漆夹纻技艺以漆树割制的天然土漆、纻布、瓦粉（或玉石粉）等为原材料。主要工艺流程为：细泥塑形、裱糊麻布、生漆定型、细灰找平、髹漆推磨。以漆塑像为例，先以粘土加麻丝混合，塑出泥坯，再在泥坯内设木架并缠上草绳，方便最后拆毁泥模。等泥坯完成后，涂抹石膏水于泥表，使泥坯外层的毛孔变细腻，待干后再以肥皂水作为脱模剂刷在表面。待泥模干后，逐层抹粗灰、中灰、细灰。一般是由青瓦粉碎过筛后，与生漆按比例调制而成漆灰。以上工序完成后，将麻布去浆并捶打使其变软，再剪成泥模所需方块形状，并将生漆和面粉调和至适当粘稠度，用工具将其涂抹在麻布上，再将抹布贴在做完灰漆的泥胎表面，直至贴满为止，贴合过程中要注意布与布之间的接缝应平整。接下来是裱布，裱布的层数取决于塑像的大小，为使塑像坚固轻便且轮廓肌理清晰，一般至少裱布四层以上。如缺少薄麻布，可以丝绢替代所有裱布，完成且阴干后，布与布接缝处凸出的部位要用工具修补平整，再用灰漆碟补。接缝修补好后，再在胎膜表面涂抹一遍生漆，阴干后继续依次做粗灰、中灰、细灰并髹漆打磨，待胎膜整体干透，从胎膜底部拽出草绳，再去除泥模，以工具敲打胎体，清理干净剩余碎泥，再将胎膜置于热水中，使吸附于麻布胎空壳的泥浆脱落干净。再将整体布胎进行最

① 林岩:《漆彩流韵——徽州甘而可的漆器艺术》,《艺术评论》2017年第5期,第98页。

后一次全面找补，并将抽毁泥模留下的底部空洞以麻布与生漆封闭，再根据塑像需要进行髹漆、贴金等装饰①。

得益于质地轻便、造型精准、不易开裂变型等诸多优点，青阳生漆夹纻技艺被九华山宗教界视为制作佛像的首选技艺。唐天宝二年（743年），扬州大云寺鉴真和尚东渡日本传法，夹纻造像之法也随之传入日本，鉴真和尚的塑像，至今还完好地存放于日本奈良唐招提寺②。

九华山历代使用漆纻技艺塑造的佛像至今都保留完好，如旃檀林、祇园寺、百岁宫、慧居寺、上禅堂等，菩萨塑像，造型典雅，线条优美，神态沉静殊胜。

（二）雅扇类生活器物制作技艺

1.大九华水磨玉骨绢扇制作技艺

青阳大九华水磨玉骨绢扇是池州市青阳县传统的手工制作的工艺品，历史上叫“青阳扇”“九华折扇”，在明代已位居中国名扇之列，清代，还被选为皇室贡品。

大九华水磨玉骨绢扇由扇骨架和扇面组成。扇骨架的原料为九华山三年生长的参天毛竹，经手工破篾、选料、成型等工序，采用特殊的防霉防蛀处理方法，再拣取当地野生植物的干枯树叶，蘸水于骨架上细磨直至骨面纹路细腻光滑。扇面则以当地生产的真丝绢布装裱，以手工绘制扇面图案，最后将扇骨架、扇面进行合成，即制作成扇。

大九华水磨玉骨绢扇有多种造型，诸如鱼尾式、花瓶式、波浪式、翻楞式、挖肩式、排长式等。扇面图案亦选材广泛，常见的有人物、山水风景、花鸟虫鱼等。绘画形式主要有水墨写意画、工笔画等。其中以九华佛教文化为题材的佛扇、九华山风景全图扇，做工最为精细、用料最为考究，体现了青阳地区传统佛教文化和江南地域特征，一直广受文人雅士的喜爱。

---

① 许政:《青阳生漆夹纻技艺的工艺探析》,《大众文艺》2018年第17期,第66页。

② 郑宏光:《身边的非物质文化遗产》,中国美术学院出版社2006年版,第233页。

2. 明德折扇制作技艺

明德折扇产于今安徽省广德市，属于古典扇，由扇骨、扇面两部分组成。制作扇面的主要材料为真丝、宣纸和棉布，扇面的内容题材广泛，主要有花鸟鱼虫、人物、山水、民间故事、诗词等。扇骨架以坚固的毛竹、木材、动物骨骼等为主要材料。

明德折扇张合有度，张开有一尺多宽，合起来则可呈条状，便于使用者随身携带。明德折扇虽以引风为主要功能，亦有装饰欣赏之功效，做到了文武不同、男女有别、雅俗共赏。清朝、民国时期，当地附庸风雅之人，均手摇明德折扇，一方面彰显了主人与众不同的身份，另一方面衬托了其高雅的修养与品味。随着时代的发展，明德折扇更多的是作为一种民间艺术品而存在，深受欢迎，产品远销海内外。

（三）铜器类生活器物制作技艺

皖南铜器类生活器物制作技艺以铜陵的中国传统失蜡法为代表。中国传统失蜡法是中国古代青铜器的主要铸造方法，早在春秋时期，焚失法（中国传统失蜡法的前身）就已出现，出土于铜陵，铸造于春秋时期的青铜甗之绳耳为其代表。

中国传统失蜡法的工艺流程为：制芯、蜡模制作、制型、出蜡、焙烧、熔化、浇注与铸件加工。具体如下：根据待铸器物的需求，以黄蜡（蜂蜡）、动物油（牛油）等制成蜡模，将配制好的泥料敷在蜡模表面，或在蜡模上浇淋细泥浆方便成壳，再在泥壳上涂抹耐火材料，经焙烧后实现铸型。为了使蜡模熔化流出，形成型腔，要对其进行适度的加热烘烤，最后浇注铜液到型腔中，待其凝固后，就能获得铸件。

中国传统失蜡法工艺精湛而独特，以可塑性极好的蜡料为主材料，不仅能塑出形状各异的作品，还可以在作品表面雕塑各种纹饰。历史上，一些鼎、彝、印玺、乐钟及佛像等的铸造，就广泛采用中国传统失蜡法。

近年，铜陵当地的一些文化企业，经知名专家、学者指导，依靠中国传统失蜡法，已成功复制出许公宁透空蟠虺纹饰、自在观音等中国传统失蜡法代表性作品。不仅保护和传承了中国传统失蜡法，还进一步规范了其工艺流程，使其在铜工艺品创新生产中得到充分的运用。

三、计时定位器物制作技艺

皖南计时定位器物制作技艺主要包括吴鲁衡日晷制作技艺和万安罗盘制作技艺，二者均属于“罗经”，对中国传统天文地理文化的传承具有重要意义。

（一）吴鲁衡日晷制作技艺

日晷又叫日规，为中国古代特有的借助太阳的影子测算时间的计时工具。《隋书·天文志》中最早记载日晷，隋开皇十四年（594年），时人袁充发明的短影平仪，就是地平日晷。南宋曾敏行《独醒杂志》中提到的晷影图，是关于赤道日晷的最初记载。

清代雍正年间，徽州罗经制作大师吴鲁衡，基于原有固定式日规制作原理，创制了手工木质便携式日晷。这种日晷呈长方形状，张合有度，上层面分十二个时辰（含二十四小时），以平均分布的刻度显示；中层一根规针垂直放置于盘面；下层面分二十四节气，也以平均分布的刻度显示。指南针装在晷盘的下半部，根据晷盘大小，若干层罗经圈层分布周围。使用时，竖起晷盘上层，按节气将背面插针插定成斜角度，再对准指南针北极方向，晷针就能在日光下显影，因太阳运转而移动，针影所到之处，就是时刻，丝毫不谬。

吴鲁衡日晷的主要功能为测定当地时辰，也可用于风水测算，与万安罗盘、风水尺并称为“风水三宝”。

（二）万安罗盘制作技艺

罗盘是指南针的延续和发展，历来被广泛应用于天文、地理、军事、航海、居屋、墓葬选址等。万安罗盘是全国现存的唯一以传统手工技艺制作的罗盘，产自今安徽省休宁县万安镇。

万安罗盘制作业始于元末明初，发展于明代，鼎盛于清代中叶，距今已有600余年历史。历史上，曾有方秀水、胡茹易、吴鲁衡等罗盘制作名家，后尤以吴鲁衡为著[①]。其实，万安罗盘的雏形是“水罗盘”，但因需现场滴水置针，携带不便。明万历年间，徽州人王氏在水罗盘基础上创制旱罗盘，万历《歙志》云：“旱罗，亦岩镇王氏所创。其人抱青鸟之术，因谓携磁针水滴之赘，乃以意制此。初以一罗易金一两，今作者多，贱矣。”[②]自岩镇王氏起，万安罗盘兴起。明末清初，徽州人方秀水，在全国罗盘业负有盛名，其在万安镇创办了罗盘店。“定时罗一名曰晷，纹理工致，本质端好。《通志》所载惟程宏宇、汪永年二家制者，四方未有比伦。又罗盘称歙县为最，亦以汪程二姓所造为精。近则日晷罗盘专以方秀水家著名，并汪程之名亦不知之矣。”[③]

万安罗盘既继承了中国传统的罗盘制作技艺，又在长期制作研究过程中有了自己的独特之处，其对技艺流程、技艺手法均有严格要求。制作万安罗盘，首先要精选特定木料“虎骨树”（又名重阳木），再锯成罗盘毛坯，然后将毛坯磨圆磨光并挖好装磁针的圆孔，随后在罗盘上画格、书写，接着熬炼桐油并为罗盘上油。安装磁针是万安罗盘制作最后也是最关键的工序，因其技术秘不外传，由艺人在密室内单独操作，其程序包括磁化钢针、测定磁针重心、装针等。

依据罗盘的直径尺寸，万安罗盘有大、中、小三种规格。依据罗盘盘式，万安罗盘可分为三类：一为三合盘，三合盘由三层二十四方位组成，可以定向、消砂、纳水等。二为三元盘，三元盘一般只有一层二十四方位，可用元运推其方位之吉凶。三元盘因其易卦层为名师蒋大鸿所创立，又称“蒋公盘”或“易盘”。三为综合盘，综合盘是综合了三合盘和三元

---

①李翔，孟俊峰：《简析国家级“非遗”万安罗盘的传承与发展》，《文物鉴定与鉴赏》2017年第5期，第74页。

② 万历《歙志》卷九《艺能》，转载自鲍义来：《徽州工艺》，安徽人民出版社2005年版，第211页。

③《中华大典》工作委员会，《中华大典》编纂委员会编纂：《中华大典·天文典·仪象分典》，重庆出版社2015年版，第313页。

盘的一些主要圈层组成的，其层数细密，内容庞杂，具有多种功能[①]。万安所产罗盘因设计独特、选材考究、制作精良、品种齐全，被奉为罗盘正宗，享有“徽罗”“徽盘”之美誉。

万安罗盘制作技艺承载着中国传统天文学、地理学、环境学、哲学、易学、建筑学等方面的文化信息，传承着磁性指南技术及相关技艺，为研究徽州乃至中国科技史、社会史、工艺史和文化史提供了极为宝贵的资料[②]。

第三节　皖南传统生活器物制作技艺的保护与传承

近年，皖南传统器物制作技艺保护工作有一定进展，其中2项技艺被列入国家级非物质文化遗产项目，13项被列入省级非物质文化遗产项目。但是，皖南传统器物制作技艺仍面临传承人培养难度大、民众认知度偏低、产品创新意识弱等困境。因此，加强相关文化生态保护、开拓更多人才培养途径、吸引不同层次消费者等，是实现皖南传统器物制作技艺传承的重要途径。

一、皖南传统器物制作技艺类非物质文化遗产保护现状

（一）国家级非物质文化遗产立项

截至2021年8月，安徽省登记的国家级传统器物制作技艺类非物质文化遗产共3项，皖南地区占2项。详见表5-1。

① 卞利：《徽州文化史·近代卷》，安徽人民出版社2014年版，第129页。

② 卞利：《徽州文化史·近代卷》，安徽人民出版社2014年版，第129页。

表 5-1　皖南国家级传统传统器物制作技艺类非物质文化遗产

城市	项目名称
黄山市	万安罗盘制作技艺
	漆器髹饰技艺(徽州漆器髹饰技艺)

（二）省级非物质文化遗产立项

截至2021年8月，安徽省登记的省级传统器物制作技艺类非物质文化遗产共22项，皖南地区占13项，占半数以上。详见表5-2。

表 5-2　皖南省级传统文房用品制作技艺类非物质文化遗产

城市	项目名称
马鞍山市	太平府铜壶制作技艺
	博望打铁工艺
池州市	大九华水磨玉骨绢扇制作技艺
	青阳生漆夹纻技艺
铜陵市	中国传统失蜡法
宣城市	后山剪刀制作技艺
	榔桥木梳制作技艺
	明德折扇制作技艺
	宁国龙窑制陶技艺
	髹漆技艺
宣城市	泾县油布伞制作技艺
黄山市	徽州手工瓷制作技艺
	吴鲁衡日晷制作技艺

二、皖南传统生活器物制作技艺的传承困境

（一）传承人培养难度大

与皖南其他类型传统技艺类似，无论是万安罗盘制作技艺，还是徽州漆器制作技艺，或是其他皖南传统生活器物制作技艺，面临的首要传承问题都是传承人培养问题。以徽州漆器制作技艺为例，虽然当地建立了相关工作室，既有国家级传承人，也有省级、市级、县级传承人，他们确实技艺精湛，对技艺的传承和创新做出了贡献，但这些传承人多数年龄较大。而当代年轻人，生活条件相对优越，有更多寻找相对轻松工作的机会，面对技术难度大、工序复杂、工期长的漆器制作技艺，大多数年轻人都会望而却步。又如万安罗盘制作技艺，现有“国家级代表性传承人只有1人，省级代表性传承人3人，市级代表性传承人4人，县级代表性传承人7人”①。但这些传承人普遍年龄较大，而年轻人很少有兴趣参与到罗盘的制作与研究中，所以青年传承人较少。目前经验相对丰富的技艺人，又因年龄限制，对现代信息技术和社会观念的转变情况不太了解。因此，万安罗盘制作技艺若要进一步传承，传承人的培养至关重要。再如后山剪刀制作技艺，因机器生产的剪刀渐渐占领市场，手工剪刀受到很大冲击，后山村原有几十个剪刀匠人，后来纷纷改行。还如泾县油布伞制作技艺，由于传统手工制伞成本高、周期长、技艺复杂、量小利薄，在机器生产的伞冲击下举步维艰、难以为继。随着老艺人逐渐减少，也面临后继无人的窘境。

（二）民众认知度偏低

现如今，民众对皖南传统生活器物制作技艺了解甚少，即使对其有所

① 李翔，孟俊峰：《简析国家级“非遗”万安罗盘的传承与发展》，《文物鉴定与鉴赏》2017年第5期，第75页。

认知，也是从收藏的角度，民众认知度普遍偏低。如徽州漆器制作技艺，其产品制作站在工艺品、艺术品角度，往往定价高，市场需求有限，容易造成普通民众对其认知的偏失。另外，徽州漆器制作技艺制作出来的地屏、台屏、瓶罐、砚台等传统生活器件，虽适合观赏，却难以满足现代人的家居风格。以屏风为例，在古代是室内常用家具，有分隔、挡风、美化之功能，且与室内其他家具相得益彰。今天，绝大多数普通家庭或因观念或因经济所限，房屋装修以相对经济实惠的现代风为主，很少使用屏风。又如万安罗盘制作技艺，其产品蕴含着周易太极、天干地支、十二生肖等文化信息，虽然内涵丰富、神秘厚重，很好地传承了中国传统文化，但是，因其涉及坤舆风水知识，内容艰涩难懂，除少数爱好者或收藏者，多数民众对其都是敬而远之。

（三）产品创新意识弱

现如今，中华优秀传统文化越来越受重视，非物质文化遗产保护被提上日程。皖南传统生活器物制作技艺也有了逐步回暖的现象，部分产品深受欢迎，但因一味沿袭传统、缺乏创新，从而影响了传承。以徽州漆器制作技艺为例，其设计因与现代审美不相符，创新也只是形式上、材料上的创新，几乎没有涉及深入理念的创新，虽极具历史厚重感但难以融入现代人生活。又如万安罗盘制作技艺，随着科技的发展，人们已不需要用罗盘看风水、指方向，万安罗盘实用性减小，更多的是具有欣赏价值和收藏价值。随着旅游业的发展，万安罗盘成为一种纪念品，但这种纪念品无非是在原有基础上减少配置或缩小体型，并没有实现真正意义上的技术创新。

三、皖南传统生活器具制作技艺的保护与传承

（一）加强相关文化生态保护

加强皖南传统生活器具制作技艺相关文化生态保护，要努力修复、复活各类活态非物质文化。特别是对一些既具有丰富文化内涵又有旅游开发价值的传统生活器具制作技艺，要建立技艺展示、产品开发、旅游文化体验相结合的文化空间。就万安罗盘制作技艺和吴鲁衡日晷制作技艺而言，其在万安古镇上的传承基地“吴鲁衡涵记”老店，就是一个亟须加以特别保护的重要徽州文化生态空间，是进行万安罗盘博物馆式精彩展示和复活万安罗盘传统制作技艺原生态的最重要场地[①]。政府应尽力保护万安罗盘制作技艺、吴鲁衡日晷制作技艺赖以生存的自然和人文环境，修复万安老街文化生态。又如徽州漆器制作技艺，可以与西递、宏村等徽州村落旅游业相结合。导游在介绍民居的漆制器具时，侧重介绍其制作工艺，在展示场地可以循环播放相关漆器制作视频。再如后山剪刀制作技艺、榔桥木梳制作技艺、泾县油布伞制作技艺，可以和宣纸形成共同的文化生态空间，以宣纸小镇的形式进行宣传、经营。还有青阳生漆夹纻技艺、大九华水磨玉骨绢扇制作技艺，形成于佛教圣地九华山，可以借助佛文化进行宣传。

（二）开拓更多人才培养途径

皖南传统生活器具制作技艺以人的实践活动为载体，因此，寻找合适的传承人，培养其文化艺术素养、审美能力、创新能力非常重要。如万安罗盘制作技艺，因其要求高、回报慢而难以吸引年轻人，已面临后继无人的困境。因此，万安罗盘制作技艺传承人可以与短视频平台合作，

---

① 方利山：《珍视“徽盘”品牌　保护文化生态——万安罗盘文化生态调研报告》，《黄山学院学报》2010年第1期，第9页。

以普通大众能够接受的方式展示万安罗盘制作技艺，吸引一些对罗盘制作技艺感兴趣且有潜质、有志向的年轻人参与文化传承工作中来。另外，还可以与高校尤其是以技能培养为主的高职院校合作，将万安罗盘制作技艺作为选修课在学校开设，实现传统技艺进校园，扩大文化传承的途径，寻找合适的技艺传承人。政府应该提高现有传承人的经济待遇，使其在经济上无后顾之忧，站在文化传承的角度而不是个人私利的角度传艺授技，真正做到对徒弟倾囊相授。

（三）吸引不同层次消费者

现如今，皖南传统生活器具制作技艺实用性正在削弱。因此，皖南传统生活器具制作技艺应取自身之精髓，定位不同市场，勇于创新，扩大市场，吸引不同消费者。如精致古朴的万安罗盘制作流程复杂，价格不菲，使很多收入一般的收藏者和旅游者望而却步。因此，万安罗盘制作技艺，可根据市场不同的需求，制作不同类型的罗盘，既可制作具有收藏价值的精致罗盘，满足有经济实力的爱好收藏者的需求，又可以制作成价格相对较低，可赠送亲朋好友的旅游纪念品。又如徽州漆器制作技艺，在原有技艺基础上，加入现代时尚元素。针对不同的市场需求，既可以制作小批量的高价位定制产品，使用优质的纯天然材料，纯手工制作具有收藏价值的高档食器、酒器、花插等生活器具，又可以生产价位低如书签、挂件之类的小型纪念品，适合普通旅行者用来赠送亲朋好友。

第六章　艺——皖南传统艺术用品制作技艺

皖南传统艺术用品制作工艺包括徽派盆景技艺、芜湖铁画锻制技艺、余香石笛制作技艺、黄山玉雕刻技艺等。这些技艺具有主题多样、材质优美、构思巧妙和意蕴深远等特征，还具有彰显生活、文化传承、经济创收和艺术欣赏等价值。现如今，皖南传统文房用品制作技艺的传承亦面临诸多挑战。

第一节　皖南传统艺术用品制作技艺概述

一、皖南传统艺术用品制作技艺相关概念

（一）盆景

盆景是中国优秀传统艺术品之一。经考古发现，唐章怀太子李贤墓室甬道东壁上，即绘有《捧盆景侍女图》[①]。宋代，得益于统治阶级和文人雅士的推崇，盆景已发展到较高水平，有水石盆景和旱石盆景之分。好珍玩的宋徽宗花费巨力在民间搜罗的珍奇怪石——“花石纲”，即为当时的盆景。到了明代，盆景艺术形象日趋完美，羼入画理，糅以诗意，讲

① 刘建荣：《永泰、懿德与章怀墓室壁画女性形象艺术特征的差异》，陕西师范大学2019年硕士学位论文，第12页。

究布局。谈及盆景的著作有文震亨的《长物志》、王象晋的《群芳谱》、吴初泰的《盆景》等。清代，赏玩盆景的风气更盛，康熙皇帝曾亲自制作盆景。陈淏子的《花镜》、汪灏等人的《御定广群芳谱》、沈复的《闲情记趣》，对盆景都作了详细的介绍[①]。盆景取材于山石植物，以自然美景为模仿对象，借助精致工艺，塑造出造型优美、寓意深远且具观赏性的陈列品。盆景可小中见大，咫尺千里，被誉为立体之画、无声之诗。徽派盆景是以徽州命名的具有浓郁地方特色的中国盆景主要传统艺术流派之一。2008年，徽派盆景被列入第二批国家级非物质文化遗产名录[②]。

（二）铁画

铁画又称铁花，诞生于安徽芜湖，主要材料为低碳钢，在画稿基础上制成铁质画面。“清‘康熙间，有汤天池者’，‘少为铁工，与画家为邻，日窥其泼墨势’，受到启示，于是用铁片仿制成各种书画，如山水、松鹰、竹石、败荷、衰柳、花卉以及书法等。铁画要经剪花、锻打、焊接、退火、烘漆等工序才能制成。制出的铁画苍劲有力、古朴大方。诗人曾赞颂为‘百炼化为绕指柔，直教六法归洪炉。’”[③]

二、皖南传统艺术用品制作工艺相关非物质文化遗产立项

（一）国家级非物质文化遗产立项

截至2021年8月，安徽省登记的国家级传统艺术用品制作技艺类非物质文化遗产共2项，均为皖南地区所有。详见表6-1。

---

① 俞汝捷：《中国古典文艺实用辞典》，中国青年出版社1991年版，第190页。

② 安徽省非遗保护中心：《徽派盆景》，《江淮文史》2017年第5期，第2页。

③ 杨亮才：《中国民间文艺辞典》，甘肃人民出版社1989年版，第403—404页。

表6-1 皖南传统艺术用品制作类非物质文化遗产

城市	项目名称
黄山市	盆景技艺(徽派盆景技艺)
芜湖市	芜湖铁画锻制技艺

（二）省级非物质文化遗产立项

截至2021年8月，安徽省登记的省级传统艺术用品制作技艺类非物质文化遗产共14项，皖南地区占6项。详见表6-2。

表6-2 皖南传统艺术用品制作技艺类省级非物质文化遗产

城市	项目名称
黄山市	黄山玉雕刻技艺
	徽派盆景制作技艺
	余香石笛制作技艺
芜湖市	芜湖铁画锻制技艺
宣城市	皖南木雕
铜陵市	铜陵凤丹制作技艺

三、皖南传统艺术用品制作技艺的特征

皖南传统艺术用品制作技艺题材广泛，使用优质的原材料，材质优美，做工精良，且构思巧妙，蕴含着深厚的艺术素养。

（一）主题多样性

主题多样性是皖南传统艺术用品制作技艺特征之一。以芜湖铁画锻制技艺为例，芜湖铁画锻制技艺源于中国画，选择的题材上与中国画类似，有山水、花鸟、虫鱼、人物、民俗等，模山范水，拟人状物，千姿百态，生动逼真。问世以来，名震艺坛。芜湖铁画锻制技艺选择的具体题材有：

清雅脱俗的铁画灯、嵌于红木框内的尺幅小景、具有艺术气息的铁字、精致优雅的铁画屏风。再以徽派盆景制作技艺为例，徽派盆景制作技艺选材主要有梅、圆柏、翠柏、黄山松、罗汉松、榔榆、天竺、紫薇、山茶、杜鹃等，其中又以梅花、茶花为上品，而梅中又以骨里红、绿萼、朱砂、送春、玉蝶等品种为佳。其以树桩盆景为主，有游龙式、扭旋式、三台式、迎客式、圆台式、疙瘩式、劈干式、楷干式、悬崖式、提根式等造型①。尤以游龙式梅桩盆景为代表，桩头大如龙头，干如龙身，枝如龙爪，讲究整齐美、对称美和庄严美。主干叶螺旋状或“S”形弯曲，小枝在弯曲的主干凸起处左右交互伸出，犹如龙爪飞舞，整体造型如蛟龙腾云，雅致美观②。

（二）材质优美性

皖南传统艺术用品制作技艺所使用的原材料均是精挑细选的精品，材质优美。以芜湖铁画锻制技艺为例，其取低碳钢为原料，在打磨、焊接、敷漆、鎏金等工艺基础上形成画作，因其选用的材质优良，所以不易生锈变形。芜湖铁画以千锤百炼的钢铁为骨架，铁质的素材肌理效果，具有坚硬、光润的视觉表层材质美。表现出铁为肌肤，画为魂的艺术风格，质坚意远。注入了移情于景的愿望，契合了人们对坚强意志品质的追求，可谓是匠心独具，彰显出钢铁寓意的形成并保存传统文化观念，被赋予崇高的审美价值，加上敷漆、鎏金的材质，更增添了一份华美，与居室交相辉映，呈现清心雅致。表达出东方的经典与时尚、内蕴与大气，融入质朴刚毅的东方文化气质。芜湖铁画锻制技艺打制的产品，既具有金属的质感美，又具有铁质的延展美和内在的古意美。再以徽派盆景制作技艺为例，其选用的茶花有近30个品种，有色泽的不同和浓淡的变化，又有单瓣重瓣之分，花朵大小之别。以如此优美之植物为徽派盆景制作技艺的原材料，才能造就徽派盆景制作技艺的美名。又如余香石笛制作

---

① 邵宝振:《品读徽州》,安徽师范大学出版社2019年版,第85页。

② 王志平:《黄山办事指南》,安徽大学出版社2006年版,第275页。

技艺，其原材料选自西递村特有的“黟县青”大理石中的精品石料，石质细腻坚固、硬度适中、绝无杂质。

（三）构思巧妙性

皖南传统艺术用品制作技艺在构思方面相当巧妙。如芜湖铁画锻制技艺就在构思方面下足了功夫，其铁画作品《梅山水库》（现藏于芜湖市博物馆），整体画面场景展现了磅礴气势，虚中有实，实中有虚，使人在空间上产生无限遐想。作品以树木、山峰、水库建筑为主体，近景以紧凑、繁密的线条展现，而远处的山峰等则使用线条较少。作品层次分明，远近疏密有别，虚实相依、刚柔兼具，尽显宏大之气势，细看飞点走线、锤痕斑斑，兼具国画的神韵和雕塑的立体美。又如藏于安徽省博物馆的清代铁画《山水图》，“流畅而简洁的水景铁线，星星点点的山石描绘，表现出烟波浩渺、水天辽阔的山川空间，是作者寄自然山水之情，用铁画艺术语言呈现的心中之象。”[①]徽派盆景制作技艺的构图师法自然，“巧用‘咫尺千里，缩龙成寸，小中寓大，虽假尤真’的艺术手法”[②]，主次分明，巧拙并用，藏露得宜。主干造型突出拙朴、古态的沧桑感；枝叶剪截重在灵巧、秀气，往往以拙求巧，以巧衬拙[③]。不管何种形式的盆景，都通过富有匠意的处理，形成上中下、左中右不同的艺术视点，给人一种生机勃勃、和谐统一的美感[④]。余香石笛细长的管径上雕刻有纹饰图案，以体现乐器的文化层次、艺术品位，可谓方寸之上见功夫。

（四）意蕴深远

皖南传统艺术用品制作技艺的产品有着深远的意蕴。将对自然界万事万物美的感受，通过艺术表现手法呈现于欣赏者面前，是一种只可意会

---

① 陆克颖：《试论芜湖铁画的审美取向》，《淮南师范学院学报》2015年第2期，第80—81页。

② 尤传楷：《圆不完的绿色之梦：城乡园林一体化的探究》，中国建筑工业出版社2016年版，第251页。

③ 安徽省文化和旅游厅编：《江淮行·皖文》，黄山书社2018年版，第120页。

④ 张媛媛，江小角：《安徽非物质文化遗产》，安徽文艺出版社2015年版，第214页。

不可言传的“意蕴美”。“意蕴美”用来描述储炎庆的铁画《迎客松》恰到好处。图中松干锻造精致生动，突显其刚劲不阿的气度，而图中山林、云雾则略显轻描淡写，反而呈现其高远的意趣。《迎客松》运用了“计白当黑”的艺术表现手法，充分发挥了空白的设计思想，运用空白与自然形态巧妙结合，诠释了中国传统设计和绘画的思维，表现了“空灵”和“虚静”相结合[①]。著名国画家吴冠中言：“我的绘画，是在大量的景物写生，对自然生活体验，从中获得感受，再经过整理、加工，挖掘意境，完成创作的”[②]。铁画与其神似，松竹梅岁寒三友图、喜鹊登梅的报喜图，还有变化万千的山水景物、飞驰狂野的骏马、笔画流畅的书法，一气呵成。画中的一勾一勒，落笔肥不臃肿，瘦不枯羸。徽派盆景制作技艺亦如是，其创作较之于自然树木更丰富多彩，如松柏之葱郁劲健，竹子之潇洒清秀，梅桩之古雅幽芳、榔榆、雀梅之拙朴苍古，黄杨之清朗茂密等，有古朴、苍老、遒劲、庄重、幽静的特点[③]。又如余香石笛制作技艺，其以“黟县青”雕凿石箫、石笛，吹奏起来，音质比竹笛、竹箫更加浑厚、清脆，如天外仙乐般神奇，意境深远悠长。

四、皖南传统艺术用品制作技艺的价值

皖南传统艺术用品制作技艺是皖南民众智慧的结晶，具有彰显生活、文化传承、经济创收和艺术欣赏等价值。

（一）彰显生活价值

艺术源于生活又反映生活，一定程度上能够反映时人的生活状况。如芜湖铁画锻制技艺既来自生活，又在生活中不断发展。其产生得益于清

① 郑剑：《空白设计思维探究》，载《美术大观》编辑部编：《中国美术教育学术论丛·艺术设计卷》，辽宁美术出版社2016年版，第378页。

② 陆克颖：《试论芜湖铁画的审美取向》，《淮南师范学院学报》2015年第2期，第81页。

③《徽派盆景的特点》，《黄山学院学报》2008年第3期，第101页。

前期良好的手工业发展环境、芜湖悠久的历史、便利的交通和浓厚的人文艺术氛围等条件，并在发展过程中不断彰显着时人的生活。清雅脱俗的铁画灯、嵌于红木框内的尺幅小景、具有艺术气息的铁字、精致优雅的铁画屏风，真实而深刻地反映了芜湖冶铁业的发达和民众高雅的生活情趣。又如产生于唐代、发展于明清时期的徽派盆景技艺，彰显了明清徽商实力雄厚的经济基础和徽州深厚的文化底蕴。再如，余香石笛制作技艺的诞生，源于其传承人余香对音乐的爱好，而余香第一身份不是乐师，而是石雕匠人，这从侧面彰显了徽文化之博大精深、影响深远，即使一名普通石匠，也有很高的艺术造诣。

（二）文化传承价值

皖南传统艺术用品制作工艺对中国传统文化的传承具有重要意义。如芜湖铁画锻制技艺，其蕴含着传统草书书法艺术、传统国画艺术、传统黑白木雕艺术、传统剪纸艺术、传统金属镂空艺术[①]，是中国传统文化的缩影。虽然在发展的各个时期，由于政治经济背景不同，传承人审美价值、审美标准亦有不同，芜湖铁画锻制技艺作品的题材也会不同。但铁画始终是冶铁与绘画、技术与艺术的融合，始终蕴含着中华民族的独特文化气质，不断弘扬中华民族的优秀传统文化。又如徽派盆景技艺，明清时期，绩溪一带每12年举行一次盆景赛会，名为“花果会”。年长岁久，盆景盛会已演变为民间节令[②]，有较大的文化传承价值。再如余香石笛制作技艺，其为徽州石雕技艺之衍生物，在细长的石管上雕刻纹饰图案，也是对徽州石雕技艺的一种传承。

（三）经济创收价值

皖南传统艺术用品制作技艺极具经济创收价值。如芜湖铁画锻制技艺，因国家政策支持和传承人自身的努力，芜湖铁画锻制技艺相关产业

① 胡茜茜，金成星：《观铁画艺术　赏传统文化》，《池州学院学报》2019年第1期，第122—123页。

②《徽派盆景的形成》，《黄山学院学报》2008年第3期，第84页。

不断壮大，从最初的芜湖铁画铁匠铺到今天的芜湖铁画企业，从事铁画锻造技艺的人越来越多。芜湖铁画的发展，一方面，一定程度上解决了当地人的就业问题，促进了当地经济的发展；另一方面，芜湖铁画锻制技艺与当地旅游业相结合，共同发展，既借助旅游业为铁画作品增加销售途径，又在一定程度上提高了芜湖的知名度，带来更多的人流量。芜湖铁画锻制技艺还受到各国艺术家、收藏家及海外华人的推崇，在国外也拥有一定的市场。早在1973年，《红色娘子军》《智取威虎山》《沙家浜》等时代感较强的铁画锻制作品，就在中国进出口商品交易会（广交会）上成交2600多件，这是芜湖铁画在历史上第一次作为文化商品出口创汇[①]。又如，徽派盆景在明清时期就颇受达官世贾、文人雅士的喜爱。现如今更是多次因技艺精湛而获得大奖，知名度不断提高，不断为当地创收。

（四）艺术欣赏价值

皖南传统艺术用品具有极高的艺术欣赏价值。如芜湖铁画锻制技艺，其不同题材、风格的锻造，呈现出迥然不同的艺术风格，有着独特的艺术欣赏价值。其挂画装饰，多根据国画样稿打制，再装裱成画，现在铁画题材形式不仅有传统的黑白国画，也逐渐向彩色铁画、卡通形象、立体浮雕等新形式发展。芜湖的护栏壁画（赭山公园），远观似一幅幅生动的水墨小景，画面效果立体、意蕴深远。芜湖的室内壁画（星巴克咖啡馆），在写满英文的背景上采用国画写意的设计手法和线条笔触锻制铁画，简单概括但传神地表达了主题[②]。又如徽派盆景技艺，其以枝干虬曲的木本植物为培养对象，经移栽、修凿、剪扎、摘心、去芽等手法，创作出的艺术品，松柏之葱郁劲健，竹子之潇洒清秀，梅桩之古雅幽芳，

---

① 支云秀：《芜湖铁画的创新与发展》，《艺术评鉴》2017年第15期，第51页。

② 赵恒梅：《芜湖铁画艺术品牌设计管理策略研究》，安徽工程大学2015年硕士学位论文，第10—13页。

榔榆、雀梅之拙朴苍古，黄杨之清朗茂密[1]，都具有极高的艺术价值欣赏。再如，余香石笛制作技艺，无论吹奏之音质，还是雕刻之纹饰，无不具有极高的艺术欣赏价值。

第二节　皖南传统艺术用品制作技艺种类

皖南传统艺术用品制作技艺数量虽不多，但个个技艺精湛，享誉海内外。本节仅选取徽派盆景技艺、芜湖铁画锻制技艺和余香石笛制作技艺作一简单介绍。

一、徽派盆景技艺

徽派盆景“以歙县卖花渔村（又名洪岭）为代表，包括绩溪、黟县、休宁等地民间制作的盆景”[2]。徽派盆景的造型独特，以自然为师、就地取材，以徽州生长的梅、柏、松等树木为主要材料，讲究稳、厚、劲、奇、朴，具有浓郁的地域特色，被誉为“无声的诗，立体的画”，是徽文化的重要组成部分。

（一）徽派盆景技艺诞生的条件

地处皖南山区的古徽州，峰峦叠嶂，气候温润，雨量充足，山林中植物品种多，得天独厚的自然条件为徽派盆景技艺的形成与发展奠定了基础。徽州盆景技艺最早可追溯至唐代，南宋时已初具规模。明清时期，徽商的壮大以及徽文化的发展，为徽派盆景技艺提供了坚实的经济基础和深厚的文化底蕴，促进了其独特艺术风格的形成。明清时期达官世贾、文人雅士对宅第园林建筑、庭院陈设的特殊需求，进一步促进了徽派盆

① 《徽派盆景的特点》，《黄山学院学报》2008 年第 3 期，第 101 页。

② 《徽派盆景的形成》，《黄山学院学报》2008 年第 3 期，第 84 页。

景技艺的发展。当时绩溪一带每12年举行一次盆景赛会，称“花果会”。此类盆景盛会是徽派盆景展览的最初形式，随着时代发展，盆景盛会已演变为民间节令，在文化传承方面远胜于国内其他盆景流派。可见，徽州乡村盆景艺术活动在明清时期的普及面之广、规模之大①。

（二）徽派盆景技艺的集中地

位于歙县县城东南7公里的卖花渔村，是徽派盆景技艺的主要集中地。卖花渔村原名洪岭村，位于新安江南岸沟谷腹地。此地气候温润，土壤肥沃，为盆景植物的生长及树桩的培育提供了优越的自然条件。唐末，洪氏家族因战乱迁居此地，逐渐形成村落。该村整体形状如鱼，村头尖状如鱼嘴，村腰渐宽似鱼肚，村脚房屋向两翼展开则像鱼的剪刀尾。村人多洪姓，古意喻水汹涌，鱼得水则生机盎然，故在鱼字旁加三点水，称渔村。又因当地人以种花、培植树桩、制作盆景为主业，以卖花为生，遂称卖花渔村。卖花渔村培植树桩、制作盆景的历史非常悠久。早在五代时期，该村洪必信爱读书、爱梅花，曾在居屋旁建小楼数间，植梅于前，并作咏梅花诗百首以自乐，这是卖花渔村种植梅花的开始。此后，其子孙以培植花木为业，并巧用艺术手法，将各种花木培植成各式造型，行销各地。随着社会对花木盆景需求的增长，整个洪氏家族逐渐以此为世代相传的主业。经数百年传承发展，卖花渔村遂成为远近闻名的徽派盆景重要产地②。

（三）徽派盆景技艺产品的造型

徽派盆景技艺制作的盆景造型，主要有游龙式、扭转式、三台式、迎客式、圆台式、疙瘩式、劈干式、梏干式、悬崖式、提根式等。其中尤以游龙式梅桩盆景最为著名。培植游龙式梅桩盆景，一般需先在露地上压条和培育，每年二三月时用棕皮、木棍进行一次人工蟠扎、盘弯、整

①《徽派盆景的形成》,《黄山学院学报》2008年第3期,第84页。

②《徽派盆景的主要产地》,《黄山学院学报》2008年第3期,第110页。

型，年复一年。若使主干如龙身般蟠曲一二十个弯，需要十年、二十年，甚至数百年的工艺处理才能培育成型。成型后的盆景，整体造型似蛟龙腾云，雅致美观。扭旋式盆景，主干作螺旋状弯曲，俗称“磨盘弯”。其枝条稍作弯曲，从不同方向向四面立体伸出，经再度修剪，其顶片与基部位于同一条中心线上，整体颇具立体感。还如提根式，其主干略作弯曲，或任其自然，根部外露悬空，或曲如龙爪，尽显自然、洒脱。三台式造型的盆景，主干作二弯半，上方一顶，左右两侧各伸出一臂，三片经营的位置呈不等边三角形，形成三个台，寓意仙界的“蓬莱三岛”。而迎客式造型的盆景，主干略曲，两臂由主干基部三分之一处向同一方向稍离伸展开来，枝梢扎成两小片，上方一片大而圆满，整体造型极似迎客松展臀迎客①。圆台式造型的盆景，主干弯曲成稍斜状，枝条如放射状伸展，扎剪后或呈椭圆形云片状，或如云朵状树冠，整体如黄山之蒲团松。言蔽之，徽派盆景技艺在造型方面倾向于一干三枝，且多追求主干造型，侧枝的变换却很少注重。

（四）徽派盆景技艺的特征

“苍古、奇特、自然、刚劲、庄重、幽雅”是盆景爱好者对徽派盆景主要特征的精确概括。徽派盆景多为树桩盆景，其树桩大而状奇，形态蟠曲古朴，造型精巧奇美，倔傲刚劲。梅、圆柏、翠柏、黄山松、罗汉松、天竺、山茶、紫薇、杜鹃等是徽派盆景用于树桩造型的主要树种②。盆景价值的高低，既取决于树桩的造型、年限的长短，又取决于植物的品种。徽派盆景以梅花、茶花为上品，其中又以梅桩最具特色，亦称“徽梅”。而“徽梅”又以骨里红、绿萼、朱砂、送春、玉蝶等品种为佳。茶花品种众多，通过移栽、修凿、剪扎、摘心、去芽等手法，制作出较自然树木更丰富多彩的艺术品，具有独特的艺术风格。

徽派盆景取材自然，构思新颖，既主次有序、避拙存巧，又有露有

①《徽派盆景的主要造型》,《黄山学院学报》2008年第3期,第107页。

② 黄山市徽州区地方志编纂委员会编:《黄山市徽州区志》(下册),黄山书社2012年版,第689页。

藏。其主干追求拙朴造型，沧桑感尽显；其枝叶又注重剪裁得体，常常巧拙相宜，灵巧、秀气兼具。每一件经徽派盆景技艺制作的作品，都经过匠心独具的处理，彰显了有机而和谐的美感。相较于国内其他盆景技艺派别，徽派盆景技艺更注重粗扎粗剪、剪扎结合，“重视桩苗的人工繁殖和培育，压条与养桩并举，不仅桩苗产出量大、可标准化、批量生产，永续作业，而且从桩苗阶段就可以通过压条、扦插、嫁接等方法开始造型”①。其操作过程相对简单，徽州盆景成品因不见人为痕迹，尤显生动自然。

（五）徽派盆景技艺的当代发展

徽派盆景技艺历代传承、经久不衰，徽州地区尤其是卖花渔村已成为徽派盆景技艺最重要的传承基地。在1987年北京花卉博览会上，徽派盆景作品荣获金奖。1991年始，在全国举办的历届“二梅”展览中，徽派盆景作品皆频频得奖。1992年，在上海国际梅花展览上，徽派盆景作品《铁骨报春》再获金奖。近年来，徽派建筑盆景发展势头良好，受到国内外各界人士的青睐，在许多地方都能见到它们的身影，并且已被列入国家非物质文化遗产名录。②

二、芜湖铁画锻制技艺

芜湖铁画锻制技艺既是国家级非物质文化遗产，又是省级非物质文化遗产，是安徽历史进程中的文化符号之一。其创始人是清朝康熙年间芜湖的铁匠汤鹏。芜湖铁画锻制技艺综合了古代金银空花的焊接技术，吸取了剪纸、木刻、砖雕的长处，融合了国画的笔意和章法，画面明暗对比鲜明，立体感强，近似水墨画而又异于水墨画，刚劲浑朴，在古代工

① 吴江梅:《徽派盆景期待“老枝”绽“新芽”》,《安徽日报》2011年4月8日第C1版。

② 邵宝振:《品读徽州》,安徽师范大学出版社2019年版,第87页。

艺美术品中独树一帜[①]。芜湖铁画锻制技艺的传世之作主要有大型铁画《迎客松》《梅山水库》等。

（一）芜湖铁画锻制技艺诞生的条件

安徽芜湖为铁画锻制技艺的诞生地，其为铁画锻制技艺的传承发展提供了得天独厚的条件。

其一，大客观环境的变化。清朝前期，社会秩序相对稳定，一系列相应的经济措施得以有力实行。如“匠籍和工匠服役制度的废除，地丁制的实行，使城市工商业者不再有丁银的负担。康、雍时，还允许民间开矿、冶炼”[②]。这些都为地方手工业的发展提供了良好的客观环境。

其二，芜湖独有的环境为铁画锻制技艺的诞生提供了独特的地理、人文优势。芜湖，古称鸠兹，已有两千多年的悠久历史。其“内濒长河，外临大江，水陆襟带，舟车辐辏，交通甚为方便”[③]，有“长江巨埠，皖之中坚”之美誉。芜湖是长江沿岸交通枢纽，历来经济繁荣。芜湖当地铁矿石资源储存丰富，自战国起，即有打铁锻钢之传统。清乾嘉年间，芜湖有大量铁制品手工作坊，炼钢人数众多。“石桥港为现花津桥旧称，昔日北连芜湖西湖水，南通青弋江，西有铁作巷，是钢铁作坊集中的地方，北巷口有铁石墩，相传汤天池曾在此制作铁画。”[④]明末清初，大量文人雅士避世于芜湖。如新安画派代表人物渐江、孙逸、查士标等，姑孰画派代表人物萧云，墨客萧一旸、萧一芸、姚宋、彭浚、刘梅江等，这些艺术家都擅长书画。这看似机缘巧合，实为历史必然。芜湖铁匠与徽画大师在各自的追求中，激情碰撞不亚于科技和文化的互动交融，让具有千年历史的火文化与徽文化从此血脉相通。

---

① 江苏省政协文史委员会，溧水县政协文史委员会编：《溧水风情》，《江苏文史资料》编辑部1993年版，第180页。

② 姜松荣：《中国工艺美术史》，湖南美术出版社2004年版，第173页。.

③ 刘伯璜，姚永森：《芜湖铁画溯源》，《安徽师大学报（哲学社会科学版）》1983年第2期，第74页。

④ 刘伯璜，姚永森：《芜湖铁画溯源》，《安徽师大学报（哲学社会科学版）》1983年第2期，第74页。

（二）芜湖铁画锻制技艺的发展历程

芜湖铁画锻制技艺历史悠久，由借居于芜湖的江苏省溧水县明党乡人汤鹏始创于清朝。相传，清康熙年间，有汤天池者，少为铁工，与画室为邻，日窥其泼墨势而得启示，于是以铁片仿制成各种书画[①]。朱文藻曾赋诗《题铁画》称赞道："乍看似墨泼素绢，山水人物皆空嵌。风飘秀色动兰竹，雪催老杆撑松杉。华轩逼人有寒气，盛暑亦欲添衣裳。最宜桦烛晓风夜，千枝万蕊发翠岩。元明旧迹共谛视，转觉暗淡精神减。"[②]

铁画文人梁应达推动了芜湖铁画锻制技艺的发展。梁应达擅长以花木鸟虫为制作主题，虽画面尺幅相对较小，却富有情趣。他将"丹青的意境、笔墨的趣味、文章的精妙、江南的风情融入了铁画之中，使其作品意境深远，构图巧妙、造型别致，富于诗意，一扫正气"[③]。梁应达赋予了铁画高雅的艺术韵味，使芜湖铁画锻制技艺由稚拙走向成熟，代表作有《篷舟帆船》《芦蟹图》《耕牛饮水》《小舟》等（以上均藏于安徽省博物馆）。

储氏铁画制作技艺创始人储炎庆是芜湖铁画锻制技艺的集大成者。储炎庆曾在多家铁铺学艺，练就了扎实的链打、接火和叠形等打铁技能和丰富的打铁经验。最终从艺于芜湖沈义兴铁铺，并拜老板为师，开始学习打制铁画。储炎庆因在铁画制作方面天赋异禀，不久就能独当一面。后由于战争等因素，很多手工艺受到重创，其中包括芜湖铁画锻制技艺。1949年以后，为了筹建铁画恢复组，储炎庆一方面设计图纸，精选学徒，尽己所能筹集铁画锻制需要的材料、工具设备，为重新制作铁画做好人力、物力等方面的准备。另一方面，为了弥补自身在书画知识、技巧方面的不足，储炎庆求教于安徽师范大学艺术系王石岑和宋啃虎两位老师，不断提高自身造诣。第一批储氏铁画精品相继问世，铁画《牛郎织女》

① 施宣圆等：《中国文化辞典》，上海社会科学院出版社1987年版，第977页。

② 王荣才：《芜湖铁画产业化发展研究》，安徽师范大学出版社2016年版，第69页。

③ 李广锁：《芜湖铁画艺术探析》，苏州大学2011硕士学位论文，第11页。

于1959年代表中国参加社会主义国家造型艺术展览和巴黎博览会，为芜湖甚至全中国赢得荣誉[①]。

芜湖铁画锻制技艺传人储金霞是芜湖铁画锻制技艺的坚守者。储金霞为储炎庆的长女，亦是铁画第五代传人、安徽芜湖著名铁画家。储金霞铁画锻制技艺超群，尤擅人物、花鸟画，作品立体感强、层次感强。其独创“淬火”技法，且研制出彩色铁画，打破了铁画只有黑白两色的先例。储金霞及其团队，还与芜湖高校合作，建立相关工作室，在学校培养技艺传承人。

（三）芜湖铁画锻制技艺的技法

芜湖铁画锻制技艺非常精湛。铁画制作过程中的艺术处理手法，主要按国画中的章法布局，采取散点透视原理来确定画中位置。国画技巧上的工、写、皴、描等技巧，皆通过冶、锻、钻、锉等锻作技巧来表现。其中的焊锻之技参照金属品中的烛台、香炉、门窗及栅栏上的花饰，还有佛教用品中的铁莲花、铁竹枝的锻接方法，细部的焊接术则得益于金银饰品的镶嵌之巧。并将木雕、砖雕、石雕、泥雕的立体效果及剪纸中的艺术夸张手法综合于整个制作过程中[②]。这不仅要求铁画艺人掌握一定的镶焊技术，还要胸中有画，有寓画意于锤下之能力。

由此可见，芜湖铁画源于国画，具有新安画派落笔瘦劲简洁、风格冷峭奇倔的艺术特征，靠纯手工锻打而成。它以熟铁为原料，经红炉加热，依靠冶、锻、钻等技巧制成。芜湖铁画既有国画的神韵，又具雕塑的立体美，还呈现了钢铁的柔韧性和延展性，是一种风格独具的艺术品。

（四）芜湖铁画锻制作品的造型

芜湖铁画锻制技艺作品造型多样。

---

① 詹凯丽：《现代审美语境下铁画艺术的传承与发展研究》，芜湖：安徽工程大学2011年硕士学位论文，第7—8页。

② 叶文成：《非遗里的安徽》，黄山书社2017年版，第217页。

其一，铁画灯。先取用云母装饰的木板并制成画框，画框外部镀金或以宝玉镶嵌，再取四面、五面或六面精心打制的铁画，将其合拢，镶嵌在准备好的画框上，即为铁画灯。在铁画灯表面罩上一层薄如蝉翼的茧纸、素绢，再在灯内点燃蜡烛，尽显清雅脱俗。

其二，尺幅小景。“即画面直径不过一尺的小景，此类铁画多嵌于红木框内，以素绢为衬底。”[①]代表作为《芦蟹》《秋蝉》（现收藏于安徽省博物馆）。

其三，铁字。此类铁画，锻造师多寻以前代或者当时著名书法家的真迹，并以此为模本，通过打制，变冰冷的金属铁为极富艺术气质的铁字。楷书、行书、草书、篆书、隶书等字体，均可呈现于铁字之中。《芜湖县志》即记载铁画锻制技艺始祖汤鹏：“善飞锤接书画，尤以狂草书著称”。令人惊叹的是，铁字能将行书和草书的奔放豪气、潇洒俊逸等特质表现得淋漓尽致。铁字最具代表性的作品为草书铁字对联“晴窗流竹露，夜雨长兰芽”（现收藏于安徽省博物馆）。

其四，铁画屏风。铁画屏风通常有四扇、六扇、八扇之分，扣束联结，可以折叠、移动[②]。主题多为山水风光，将其装饰于客厅、展厅，尤显精致优雅。

三、余香石笛制作技艺

所谓石笛，顾名思义，就是采用石质材料制成的笛类乐器。流传在黟县西递的余香石笛制作技艺是徽州传统石雕工艺的绝技，是乐器制作工艺和徽州石雕工艺的完美结合。其产品既是实用乐器，也是石雕工艺的精品。余香石笛制作技艺流传至今，已传承数百年。

---

① 朱琼臻:《芜湖铁画初探——从铁画艺术的沉浮看中国传统文化之传承》,厦门大学2009年硕士学位论文,第12页。

② 高翔宇:《技艺安徽》,合肥工业大学出版社2015年版,第56页。

（一）余香石笛制作技艺形成的条件

黟县位于皖南山区，自古盛产“黟县青”大理石，其石质为大理石结晶灰岩，细腻坚固，色呈青色，间有深黑色纹路。“黟县青”大理石抛光后，光泽照人，是徽州古建筑和徽州石雕工艺的优质原材料。北宋年间，黟县西递胡氏家族建村，即取其石用于村落建设。类似其他徽州古村落，西递民居建设亦多采用“三雕”装饰居室，无形中促进了大批三雕工匠的出现。明清时期，因入仕、经商，胡氏家族积累了丰厚的财富，村落建设进入鼎盛时期。西递的石雕技艺亦进入繁荣时期，单纯的建筑装饰技艺开始向工艺品、实用品创作转变。这为余香石笛制作技艺的形成创造了一定的条件。

清乾隆年间，黟县西递人余香，出身贫寒，自小跟随父亲学习石雕技艺，长大后又四处拜师求教，终于青出于蓝，成一代石雕大师。又因其从小酷爱吹奏，故其以石雕技艺用“黟县青”之边角料雕凿石箫、石笛。此类箫笛吹奏起来，音质比竹笛、竹箫更为浑厚、清脆。从此，“余香石笛”声名鹊起，并广为音乐爱好者珍爱、收藏。上海古籍出版社出版的《中国历代名人大辞典》曾如此记录余香：匠心独具，所制石笛、石箫皆中律合调。作细巧物件，上刻书画，人称绝技。《黟县志》亦载：余香所制石笛、石箫、石篪等乐器，不仅在国内被视为珍品，且流传到东南亚一带，亦受到侨胞的赞赏。

（二）余香石笛制作技艺的工艺流程

余香石笛作为徽州石雕工艺与传统乐器相结合的珍品，有着严格的工艺流程。仅以外观论，石笛与竹笛基本相同。但石笛以大理石材质的“黟县青”为材料，石质材料的结构与竹制竹笛的纤维结构有很大区别，受击打后容易破碎，因稍有不慎即前功尽弃，对所用刀具、刀法要求极高。为便于石笛制作，创始人余香还独创了一套由五十多副不同刀具组成的工具。石笛虽以大理石为原材料，但其本体为乐器，为保证音阶、音准、音色合乎音律，余香在雕刻过程中必须精准把握孔径大小、间隔。因此，余香石笛雕刻者不仅要擅长雕刻，更要对乐理知识和演奏技能有所精通。余香石笛于方寸之上下功夫。将石质材料雕刻成细长的管径已属不易，但为了呈现乐器的文化层次、艺术品位，石笛表面还雕刻了大量纹饰图案。

具体流程如下[①]：

选材。为保证石笛制作成功率，防止材料破碎现象发生，余香石笛以黟县西递特有的“黟县青”大理石为原材料，此石质地坚固细腻、硬度合适、通透不含杂质，是制作石笛之上品。

制坯。石材选中后，石匠们借助切割法，将石材制成方柱坯型，为进一步切削及其他流程做足准备。

镂空。对方柱坯型两头进行贯穿、镂空，此为整个石笛制作中最关键也是最难的一道工序。根据石笛音调不同，镂空打孔方式亦须不同。余香石笛的一般长度在68厘米到72厘米之间，笛孔型要求呈微锥型。打孔之初视石材的细腻度进行试探，一般情况下需要试探5根左右的坯型石材方能探准。整个操作过程全凭手工，要反复调换30余根钎刀才能将所有锥孔打成。

成型。依据分类，以削除棱角的方式对打好锥孔的坯型进行反复削剥，最终制成笛管。制作过程要求极高，笛管外径与内径壁厚之差必须控制在一定的范围之内，且笛管外部还应浑圆光滑、薄厚均匀。因此，在操作过程中稍有差池，就有可能笛管破裂，前面的努力付诸东流。

打孔。根据笛调的不同，严格按照分布计算公式，确定不同音阶孔的位置制成音调孔6个、吹孔1个、挂穗孔2个、凤眼孔2个，共计12个孔。

堵孔。此流程对制作技术的要求极高。首先，通过削磨技术，制作一块超薄圆形石质调音片，堵住吹孔与其他音调孔，再依据石笛音质效果，反复调整调音片的位置，直至音质最佳。

① 方如金：《黟县“余香石笛”制作技艺与传承》，《中小企业管理与科技（上旬刊）》2016年第1期，第143页。

调试。此时石笛制作已基本完成，再视具体情况修整孔径的位置、大小，以期在音色、音准方面达到最佳效果。

经以上七道工序，“余香石笛”就成功制成了。

第三节 皖南传统艺术用品制作技艺的保护与传承

皖南传统艺术用品制作技艺起源早，底蕴深厚，乃古皖南民众崇尚自然、尊重文化、传承创新之成果。然而，因技艺传承受限、品牌优势缺失等因素，皖南传统艺术用品制作技艺面临诸多挑战。因此，皖南传统艺术用品制作技艺要实现传承创新，应与跨界资源相融合，突破传承瓶颈，与文创产业整合渗透，提高再服务水平；与创新潮流相碰撞，借助当代科学技术，契合民众多元需求，迎合特殊人群要求；与现代教育相促进，融入技能型院校相关专业建设，延续非物质文化遗产传统技艺文脉，承续非物质文化遗产文化生命记忆。本节以皖南传统艺术用品制作技艺代表之一——徽派盆景技艺为例，探寻皖南传统艺术用品制作技艺的保护与传承。

一、徽派盆景技艺传承面临的挑战

徽派盆景技艺荣登第二批国家级非物质文化遗产名录多年，是徽文化的重要载体之一。它集徽州人生产、生活、技艺、情感于一体，体现了中国传统区域文化特质，是当时社会文化的浓缩、人文思想的反映，能够唤起徽州人对传统技艺的情感共鸣和文化记忆。然而，纵观徽派盆景技艺近年的发展，虽然表面上风光无限，增强了经济价值，也与互联网搭上了线，随着互联网的发展，徽派盆景销售量也相对上升，但实现徽派盆景技艺的“活态”传承发展仍面临诸多挑战。

（一）重经济效益　产品粗制滥造

以安徽黄山卖花渔村为中心的部分花农，看到了盆景的经济前景，采用股份合作等形式，通过资金投入、回收代销等方式扩大盆景事业；更有一些年轻人借助“互联网+”的东风，带领村民通过网络拓展市场。这本身是好现象，为花农带来了经济利益。但是，盆景艺术除了需要精通园艺知识外，还需要掌握历史、文学、诗词、绘画和美学理论等知识。精湛的专业技术和深厚的艺术修养是徽派盆景制作者创作的源泉。然而，在追求经济利益的同时，部分花农并没有时间和精力去真正学习专业技术，影响了产品的质量，最终影响了徽派盆景的艺术形象。

（二）轻文化修养　技艺传承受限

徽派盆景的构思受启自然，主干设计重在古朴，枝叶却凸显灵秀。曾经的徽派盆景作品件件都匠心独具，有着上下左右各不同的艺术特征，呈现出生动、和谐、互通的立体美。现如今，纵观徽派盆景从业人群，其年龄结构、文化层次、技术含量参差不齐，呈现“四多四少”现象：年纪偏大的多，年纪轻的少；文化层次低的多，文化层次高的少；专业水平低的多，专业水平高的少；思想保守的多，开拓创新的少。年龄断层、文化断层、技术断层、创新断层是徽派盆景技艺传承受限的主要原因之一。

技术再高，也只是普通工匠，只有赋予技术艺术底蕴，方可达到传承的最高境界。徽派盆景技艺和徽文化血脉相连，欲得其形必先守得其魂。要真正实现徽派盆景技艺的传承创新，还需提高传承人的文化艺术造诣。

（三）缺产业管理　品牌优势缺失

徽派盆景目前经济态势良好，已尝试网销，也得到了当地政府在税费、贷款优惠等方面的扶持。徽派盆景技艺具有深厚的徽文化特色，是徽州传统技艺的重要组成部分，具有很强的产业、品牌优势。但是，以卖花渔村为中心的徽派盆景多为家庭式生产，缺乏系统管理和统筹，未形成规模化和产业化经营。在互联网与生活已密不可分的今天，在淘宝等大型电商交易网站输入“盆景”，前几页都没有徽派盆景的踪迹，即使输入“徽派盆景”词条，呈现在首页上的“徽派盆景”，月销售量均为“0”。徽派盆景的产业、品牌优势亟待发挥。

二、徽派盆景技艺的传承与创新

徽派盆景技艺是一门集文化、技艺于一体的综合实体艺术，与徽州民俗、版画、园林、三雕等相结合构成徽文化。要实现徽派盆景技艺保护传承的创造性转化，应从多方着手。如借助跨界思维，将当代艺术理念与审美旨趣融入徽派盆景技艺；与时新事物相撞击，造就更加丰富的文化模式，实现徽派盆景技艺传承的创新性发展；依托现代教育，开设徽派盆景技艺传承基地，与高校合作实施现代学徒制，通过教学交流等活动授徒传艺，培养学生徽派盆景艺术修养，提升学生对优秀传统文化的认知能力。

（一）与跨界资源相融合

跨界兴起于新技术革命时期，在互联网经济时代愈发明显、广泛，标志着一种新潮的生活态度与审美方式。徽派盆景技艺应借助跨界思维，打破传统模式，呈现形式多样、切实有效的传播途径。

借助跨界思维，突破徽派盆景技艺传承瓶颈。随着生活条件和文化造诣的提升，普通民众开始怀念古老的技艺和文化，传统技艺得到更多关注。徽派盆景可以通过开设徽派“盆艺”培训班、开展徽派“盆艺”大赛等形式，吸纳普通民众参与徽派盆景技艺创作，将“盆艺”推广到全社会，使其成为现代人修身养性、陶冶情操、美化生活的重要方式。

实现跨界融合，促进徽派盆景技艺与文创产业整合渗透。打破徽派盆景技艺传承的众多桎梏，汇聚资源，开创新的传承途径。由线上、线下两条路径，实现盆景实物展示、发展历程展示、制作过程展示、技艺参与体验等部分的有机结合。线上通过信息技术模拟徽派盆景技艺及其传承环境，活态传承传统制作技艺。线下在建设徽派盆景技艺实体生态博物馆基础上，借助VR技术和虚拟博物馆平台，创建展示徽派盆景技艺活态展示馆，引导参观者现场参与，亲身感受徽派盆景技艺的创新传承模式，唤起其对传统技艺原始的记忆和触感。跨界呈现徽派盆景技艺，是传统技艺传承人应尽的义务，有利于工匠精神的回归。

融入跨界理念，提高徽派盆景技艺再服务水平。徽派盆景寓艺术化的自然与人文于一体，得到众多传统文化艺术爱好者的青睐。但是，这些盆景爱好者多数缺乏盆景养护知识，往往花重金购买盆景，后期却因不擅养护，使盆景失去了原有的美感与魅力。同时，徽派盆景经营者固守传统售卖方式，并未形成售后服务、培训的理念。这些因素都影响了徽派盆景的再销售，徽派盆景经营创新迫在眉睫。当务之急，一方面要形成售后服务体系，借助盆景的技艺相关网站、小程序等网络资源，与电子商务平台无缝对接，购买盆景者，如在养护方面遇到问题，即可通过电商平台上传图片或视频，经营者第一时间内给予免费指导。另一方面，可以请技艺传承人拍摄盆景养护相关视频，将视频刻成碟片赠予顾客，同时上传到相关网站，供顾客免费查看。

（二）与创新潮流相碰撞

徽派盆景技艺虽属中华传统文化，但也要适应当代审美变化。在小盆景的大乾坤里塑造符合当代文化背景的作品，对现代人更具吸引力。徽派盆景技艺传承应借力创新潮流，通过打造创意小微盆景、提倡DIY手工制作、开发智能养护系统等方式，寻求新的发展契机。

打造创意小微盆景，契合民众多元需求。徽派传统盆景，生产周期长、占地面积大且价格不菲，普通盆景爱好者只能望“景”兴叹。而小微盆景，虽大不过于掌、小可摆于指尖，却不失传统盆景清新、隽秀的艺术魅力，适合普通盆景爱好者尤其是城市居民。用其陈设阳台、点缀案头，足不出户，同样能品味天然之美、领略艺术之趣。可见，徽派盆景技艺如果实现多元发展，着力打造小微盆景，既可保留徽派盆景美观高雅的特质，又可因其价廉物美而备受青睐。如作为居家装饰观赏品、赠亲馈友高雅礼品、度假旅游纪念品售卖，必然获得良好的市场效益。

提倡徽派盆景DIY，迎合特殊人群要求。盆景技艺是一项将自然与人文和谐地融为一体的艺术，目前，盆景正由小众艺术品向大众装饰品方向发展，代表着一种优雅闲适的生活方式。徽派盆景制作材料虽取于自然，但选材、剪裁、拼接、精磨等过程均能彰显制作者的艺术修养和文化沉淀。同时，随着民众生活水平和文化素质的提高，民众对手工DIY制作自己喜爱的东西愈发自信。因此，徽派盆景经营者可将徽派盆景制作必需的原材料、点缀品附制作指导书或视频打包，通过实体市场、电商平台两条渠道售卖。同时鼓励客户将自己制作的徽派盆景在相关平台展示，吸引更多的爱好者。徽派盆景DIY，尤其适合小微盆景，既利于徽派盆景的传承创新，又利于提高经营者经济收益，可谓一举两得。

借助当代科学技术，提升用户养护条件。多数徽派盆景爱好者，或因欣赏能力有余、养护知识不足，或因购买能力有余、照顾时间不足，致使花高价购买的盆景失去欣赏价值。不同于普通植物，徽派盆景对光照、温度和水分非常敏感。因此，徽派盆景技艺完全可以开发智能养护系统，使其感知盆景的光照强度、空气温度、土壤湿度信息，实现自动养护，降低盆景的死亡率。先进成熟的科技有利于提高徽派盆景的市场信誉，对徽派盆景技艺的传承创新有着重要的现实意义。

（三）与现代教育相促进

近年，国家在建设技能型院校方面不遗余力，并大力提倡工匠精神。包括徽派盆景技艺在内的徽州技艺类非物质文化遗产正可借势而起，与现代技能教育互利互补、相互促进。

融入技能型院校相关专业建设，实行现代学徒制。父业子袭、族内传承，在相对封闭落后的传统社会，利于保存行业优势、增强竞争力，但在传统技艺式微的当代却亟待创新。在国家政策的指引下，一些职业技能院校亦着手深化产教融合、校企合作，进行职业教育改革创新，与非物质文化遗产传统手工技艺的创新传承具有高度适配性。在此背景下，徽派盆景技艺传承者应主动与职业院校合作，将现代学徒制模式融入相关专业建设，使学习者在盆景大师的指引下，既学习相关理论知识，又系统掌握徽派盆景技艺，让曾经辉煌的徽派盆景技艺在当代社会经济环境中继续以活态的方式生存发展、传承创新。

设立徽派盆景技艺传承基地，延续传统技艺文脉。近年，“在高等教育的知识体系中，许多积淀深厚的非物质文化资源还远远地被搁滞在学院大墙之外”[①]。国家对传统文化、非物质文化遗产相关技艺日益重视，各级文化部门纷纷组织设立非物质文化遗产传承基地，对非物质文化遗产进行保护。徽派盆景技艺作为国家级非物质文化遗产项目，如要延续其涵括的传统技艺文脉，首要任务就是全力投入“徽派盆景大师工作室”等传承基地建设，为在校生提供充分了解、接触徽派盆景技艺的平台，使徽派盆景技艺能够更好地传承与创新，增强在校学生对非物质文化遗产技艺尤其是徽派盆景技艺的传承意识，扭转地方非物质文化遗产后继无人的困境。

培养学生徽派盆景技艺修养，承续非物质文化遗产文化生命记忆。徽派盆景技艺将自然与人文融为一体，具有“澄怀观道，坐以卧游”的功能。通过兴趣课堂、校园文化与科研活动传承徽派盆景技艺，能够推动文化传承、技艺沿袭，进而更好地促进徽州地区经济与文化建设的协调发展。同时，构成徽派盆景的诸类植物亦因天赋异禀，被文人墨客赋予多种寓意，松柏象征坚贞不屈，梅兰竹菊更寓意君子之高尚品德。因此，利用学校教育为学生解读徽派盆景技艺中所蕴含的文化，既可开阔学生视野、增长学生见识，又可在潜移默化中对学生进行传统道德熏陶，形成良好的道德品质。

① 乔晓光:《非物质文化遗产与民间美术研究论文集》,江西美术出版社2008年版,第107页。

附　录

附录1　安徽省国家级传统技艺类非物质文化遗产分布表

种类名称	地区	城市	项目名称
传统饮食制作技艺	皖南	黄山市	红茶制作技艺(祁门红茶制作技艺)
			绿茶制作技艺(黄山毛峰)
			绿茶制作技艺(太平猴魁)
	皖中	六安市	绿茶制作技艺(六安瓜片)
	皖北	淮南市	豆腐传统制作技艺(六安市寿县)
			豆腐传统制作技艺(淮南八公山区)
传统建筑技艺	皖南	黄山市	徽派传统民居建筑营造技艺
			徽州三雕技艺
传统文房用品制作技艺	皖南	黄山市	徽墨制作技艺(黄山市屯溪区)
			徽墨制作技艺(黄山市歙县)
			毛笔制作技艺(徽笔制作技艺)
			歙砚制作技艺
		宣城市	宣纸制作技艺
			宣笔制作技艺
			徽墨制作技艺(宣城市绩溪县)
	皖中	安庆市	桑皮纸制作技艺(潜山县)
			桑皮纸制作技艺(岳西县)
		合肥市	纸笺加工技艺

续 表

种类名称	地区	城市	项目名称
传统生活器物制作技艺	皖南	黄山市	万安罗盘制作技艺
			漆器髹饰技艺(徽州漆器髹饰技艺)
	皖北	阜阳市	界首彩陶烧制技艺
			刻铜(杜氏刻铜)
传统艺术用品制作技艺	皖南	黄山市	盆景技艺(徽派盆景技艺)
		芜湖市	芜湖铁画锻制技艺

附录2　安徽省省级传统技艺类非物质文化遗产分布表

种类名称	地区	城市	项目名称
传统饮食制作技艺	皖南	黄山市	观音豆腐制作技艺
			皖南火腿腌制技艺(兰花火腿腌制技艺)
			皖南火腿腌制技艺(汤口火腿腌制技艺)
			五城豆腐干制作技艺
			徽州顶市酥制作技艺
			徽州烧饼制作技艺
			嵌字豆糖制作技艺
			皖南木榨油技艺(歙县木榨油)
			皖南木榨油技艺(休宁木榨油)
			五城米酒酿制技艺
			祁门红茶制作技艺
			安茶制作技艺
			黄山贡菊(徽州贡菊)制作技艺
			珠兰花茶制作技艺
			黟县石墨茶制作技艺

续 表

种类名称	地区	城市	项目名称
传统饮食制作技艺	皖南	黄山市	绿茶制作技艺(黄山毛峰)
			绿茶制作技艺(太平猴魁)
			绿茶制作技艺(屯溪绿茶)
			绿茶制作技艺(松萝茶)
			顶谷大方制作技艺
		宣城市	水东蜜枣制作技艺
			皖南木榨油技艺
			琴鱼干制作技艺
			姚村闷酱制作技艺
			正兴隆酱菜制作技艺
			绩溪挞粿制作技艺
			宣酒纪氏古法酿造技艺
			古南丰徽派本坊小缸酿造技艺
			红曲酒酿造技艺
			绿茶制作技艺(金山时雨)
			绿茶制作技艺(涌溪火青)
			绿茶制作技艺(塔泉云雾)
			绿茶制作技艺(瑞草魁)
		芜湖市	耿福兴传统小吃制作技艺
			丫山藕糖制作技艺
			四季春传统小吃制作技艺
			皖南木榨油技艺(芜湖木榨油)
		池州市	石台油坊榨制技艺
			红茶制作技艺(葛公红茶制作技艺)
			石台雾里青绿茶制作技艺

续　表

种类名称	地区	城市	项目名称
传统饮食制作技艺	皖南	池州市	红茶制作技艺(池州润思)
		马鞍山市	采石矶茶干制作技艺
			横望山米酒酿造技艺
		铜陵市	铜陵白姜制作技艺
	皖中	六安市	绿茶制作技艺(霍山黄芽)
			绿茶制作技艺(六安瓜片)
			绿茶制作技艺(舒城小兰花)
			迎驾酒传统酿造技艺
			石斛泡制技艺
			叶集木榨油技艺
		安庆市	绿茶制作技艺(岳西翠兰)
			绿茶制作技艺(桐城小花)
			绿茶制作技艺(宿松香芽)
			秋石制作技艺
			胡玉美蚕豆辣酱制作技艺
		滁州市	滁菊制作技艺
			甘露饼制作技艺
		马鞍山市(含山县、和县)	含山封扁鱼制作技艺
			乌江霸王酥制作技艺
			运酒传统酿造技艺
		芜湖市(无为市)	无为板鸭制作技艺
	皖北	淮南市	淮南牛肉汤制作技艺
			大救驾制作工艺
			豆腐传统制作技艺(淮南市)

续　表

种类名称	地区	城市	项目名称
传统饮食制作技艺	皖北	淮南市	豆腐传统制作技艺(六安市寿县)
		淮北市	临涣酱培包瓜制作工艺
			口子窖酒酿造技艺
		宿州市	符离集烧鸡制作技艺
		亳州市	阚疃大块板鸡制作技艺
			蒙城油酥烧饼制作技艺
			王魁知麻花制作技艺
			一闻香糕点制作技艺
			千年古井贡酒酿造工艺
			高炉家传统酿造技艺
			金不换酒酿造技艺
			彩曲原酒酿造技艺
			涡阳苔干制作技艺
		阜阳市	醉三秋酒传统酿造技艺
			金裕皖酒酿造技艺
			文王贡酒酿造技艺
			颍州枕头馍制作技艺
传统建筑技艺	皖南	黄山市	徽州民居建筑营造技艺
			徽州三雕
			徽州古建砖瓦制作技艺
			徽作家具制作技艺
			徽州楹联匾额传统制作技艺
			徽州楹联匾额
		宣城市	徽州三雕(宣城市绩溪县)

续 表

种类名称	地区	城市	项目名称
传统建筑技艺	皖南	宣城市	徽派墙头画
			花砖制作技艺
传统文房用品制作技艺	皖南	黄山市	歙砚制作技艺
			徽墨制作技艺(黄山市屯溪区)
			徽墨制作技艺(黄山市歙县)
			徽墨制作技艺(宣城市绩溪县)
			徽州毛笔制作技艺
			太平曹氏纸制作技艺
			徽州漆砂砚制作技艺
		宣城市	宣纸制作技艺
			宣笔制作技艺(宣城市泾县)
			宣笔制作技艺(宣城市宣州区)
			宣纸制品加工技艺
			宣砚制作技艺
			宣纸帘制作技艺
			徽墨制作技艺(古法油烟墨制作技艺)
			墨模雕刻技艺
			益寿堂古法印泥制作技艺
	皖中	合肥市	纸笺加工技艺
		六安市	一品斋毛笔制作技艺
		安庆市	桑皮纸制作技艺(安庆市岳西县)
			桑皮纸制作技艺(安庆市潜山县)
	皖北	淮南市	紫金砚制作技艺(淮南市)
			紫金砚制作技艺(六安市寿县)

续 表

种类名称	地区	城市	项目名称
传统文房用品制作技艺	皖北	阜阳市	临泉毛笔制作技艺
		宿州市	砀山毛笔制作技艺
			宿州乐石砚制作技艺
传统生活器物制作技艺	皖南	黄山市	万安罗盘制作技艺
			徽州手工瓷制作技艺
			徽州漆器制作技艺
			吴鲁衡日晷制作技艺
		宣城市	后山剪刀制作技艺
			榔桥木梳制作技艺
			明德折扇制作技艺
			宁国龙窑制陶技艺
			髹漆技艺(宣城市绩溪县)
			泾县油布伞制作技艺
		马鞍山市	太平府铜壶制作技艺
			博望打铁工艺
		池州市	大九华水磨玉骨绢扇制作技艺
			青阳生漆夹纻技艺
		铜陵市	中国传统失蜡法
	皖中	安庆市	铸胎掐丝珐琅制作技艺(安庆市桐城市)
			铸胎掐丝珐琅制作技艺(安庆市宜秀区)
			痘姆陶器手工制作技艺
		芜湖市(无为市)	无为剔墨纱灯技艺
		合肥市	庐州土陶烧制技艺
			三河羽扇制作技艺

续 表

种类名称	地区	城市	项目名称
传统生活器物制作技艺	皖中	六安市	大红袍油纸伞制作技艺
	皖北	淮南市	寿州窑陶瓷制作技艺(淮南市八公山区)
			寿州窑陶瓷制作技艺(淮南市大通区)
		阜阳市	界首彩陶烧制技艺
		亳州市	陈氏锡包壶制作技艺
传统艺术用品制作技艺	皖南	芜湖市	芜湖铁画锻制技艺
		黄山市	徽派盆景技艺
			余香石笛制作技艺
			黄山玉雕刻技艺
		宣城市	皖南木雕
		铜陵市	铜陵凤丹制作技艺
	皖中	合肥市	庐州吴氏船模制作技艺
			庐州木雕(合肥市包河区)
			庐州木雕(合肥市肥西县)
		六安市	大别山盆景技艺
	皖北	阜阳市	杜氏刻铜技艺
		亳州市	卢家笙制作技艺
		宿州市	埇桥唢呐制作技艺
			砀山兰花印染技艺
其他制作技艺	皖南	黄山市	竹编(徽州竹编)(黄山市屯溪区)
			利源手工制麻技艺
		芜湖市	大王冲佛香制作技艺
		池州市	九华布鞋制作技艺
	皖中	安庆市	望江挑花
		六安市	竹编(舒席制作技艺)

续　表

种类名称	地区	城市	项目名称
其他制作技艺	皖中	六安市	淮河柳编工艺(霍邱柳编)
		合肥市	季氏古籍修复技艺
			传统钾明矾制作技艺
			青铜器修复技艺
	皖北	宿州市	泗县药物布鞋制作技艺
		淮北市	殷派面塑
		阜阳市	阜阳刺绣(界首刺绣)
			阜阳刺绣(细阳刺绣)
			淮河柳编工艺(黄岗柳编)

后　记

2017年，我有幸参与并承担《安徽非物质文化遗产概论》（安徽师范大学传媒学院赵忠仲老师组织编写，待出版）第八章“安徽传统民间美术与手工技艺”的编写工作。在收集安徽传统民间美术与手工技艺相关资料时发现了以下问题：第一，就数量而言，无论是国家级非物质文化遗产项目，还是省级非物质文化遗产项目，安徽传统技艺类非物质文化遗产项目数量均居安徽省非物质文化遗产项目首位。同时，皖南国家级、省级传统技艺类非物质文化遗产项目数量又遥遥领先于皖中、皖北地区。第二，在安徽省非物质文化遗产网收集资料时发现，该网站在将安徽省传统技艺类非物质文化遗产项目进行归类时，将传统技艺类相关项目和传统美术类相关项目混淆。如徽州三雕技艺、徽派盆景技艺等归属模糊。第三，在查询皖南传统技艺类非物质文化遗产相关书籍时发现，这些书籍或为项目汇编，或为地方习俗风物介绍，缺少对皖南非物质文化遗产的系统梳理与研究。

针对以上问题，研究皖南传统技艺类非物质文化遗产，仅仅依靠某本书中的一个章节或者某篇文章对其进行简单梳理，是远远不够的。以数量居于安徽省非物质文化遗产项目首位的皖南传统技艺类非物质文化遗产为研究对象，追溯其独树一帜的原因，意义重大。而针对目前全国范围内非物质文化遗产保护传承力不从心的现状，以皖南传统技艺类非物质文化遗产为典型，探究其保护传承受阻的原因、分析其创新传承的有效策略，极具现实意义。

2018年底，我有幸主持安徽省高等学校人文社会科学研究重点项目

“包容务实赋新意——徽派盆景技艺传承研究”（项目编号：SK2018A0266），在此契机下，发表了《徽派盆景技艺传承创新研究》《创新视阈下徽州传统技艺类非遗传承研究》《徽派盆景技艺进校园被接受状况调查与分析》等文章，为研究整个皖南传统技艺类非物质文化遗产的传承创新奠定了一定基础。2020年，我成功申报了安徽省高等学校省级质量工程项目“中国传统文化”（项目编号：2020szsfkc0250），本书为该项目成果之一。

撰写、出版本书需要感谢的人很多。首先，感谢前辈学者，在前期做了大量相关研究，使我能够站在巨人的肩膀上，书稿借鉴了你们的论著、文章，文中均已作注释。其次，感谢安徽师范大学皖南历史文化研究中心和安徽机电职业技术学院，为本书的出版提供了部分经费支持。最后，感谢安徽师范大学出版社的编辑同志，他们为本书的编校、出版付出了辛勤劳动。

本书虽然从食、住、学、用、艺五个方面对皖南传统技艺类非物质文化遗产进行论述，但由于本人学识有限，所著内容难免存在一些疏漏，敬请专家学者批评指正。

卢 婷

2021年6月10日